ESSAI

sur la

Syntaxe Moderne de la Préposition en Français et en Italien

PAR

C. de BOER

PARIS
LIBRAIRIE ANCIENNE HONORÉ CHAMPION
LIBRAIRE DE LA SOCIÉTÉ DE L'HISTOIRE DE FRANCE
ET DE LA SOCIÉTÉ DES ANCIENS TEXTES FRANÇAIS
5, QUAI MALAQUAIS

1926

ESSAI

sur la

Syntaxe Moderne de la Préposition

en Français et en Italien

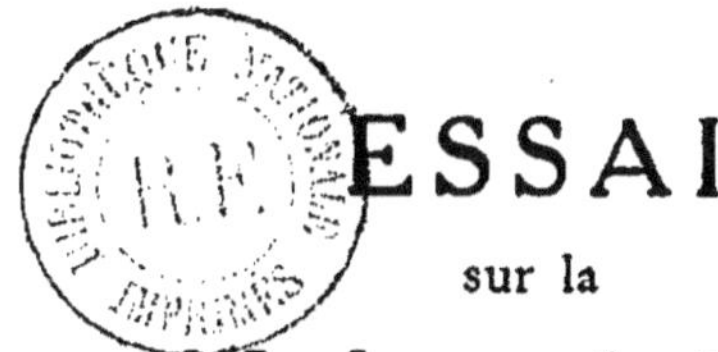

ESSAI

sur la

Syntaxe Moderne de la Préposition

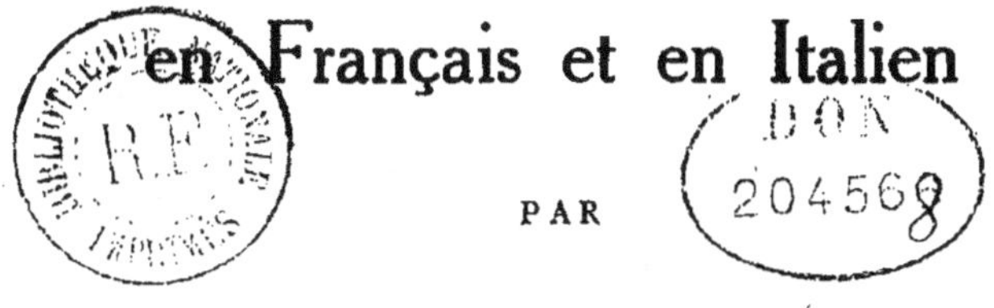

en Français et en Italien

PAR

C. de BOER

PARIS

LIBRAIRIE ANCIENNE HONORÉ CHAMPION

LIBRAIRE DE LA SOCIÉTÉ DE L'HISTOIRE DE FRANCE

ET DE LA SOCIÉTÉ DES ANCIENS TEXTES FRANÇAIS

5, QUAI MALAQUAIS

—

1926

AVANT-PROPOS

Je me suis proposé, dans ce « petit ouvrage, fruit d'un long travail », de décrire la préposition française et italienne moderne au point de vue syntaxique. Cette tentative est nouvelle. Il existe des monographies sur l'histoire de quelques prépositions. Tout manuel de syntaxe consacre un chapitre à la préposition. Mais les études historiques, monographies ou manuels, négligent le point de vue synchronique, les descriptions de la préposition moderne négligent le « problème grammatical » et sont, en bonne partie, plutôt lexicologiques que syntaxiques.

Dans ses résultats, cet essai représente une réaction contre deux choses : d'abord contre l'abus qu'on a l'habitude de faire de la morphologie dans les analyses syntaxiques, sous l'influence de la grammaire latine, ensuite contre le préjugé que la syntaxe moderne mériterait moins que la syntaxe historique d'être étudiée scientifiquement. A ce dernier préjugé nous répondrons ici, comme nous l'avons déjà fait dans un recueil d'études syntaxiques publié il y a trois ans (1), par cette phrase de M. Sechehaye : « La grammaire historique ne constituera une explication que le jour où elle pourra faire voir tous les facteurs grammaticaux et psychologiques qui ont été déterminants pour chaque transformation. Or, cette recherche ramène le linguiste *à l'étude des états de langue* et à la psychologie du langage. C'est là la base de toute science du devenir. Il est inutile de chercher à renverser les termes. »

---

1. *Essais de syntaxe française moderne.* (NOORDHOFF-CHAMPION, 1922).

Dans une *Première Partie,* nous avons discuté et expliqué les principes qui nous ont guidé dans la tentative de dscription que nous avons donnée dans la *Deuxième Partie.* Dans cette première partie nous avons été amené à traiter deux questions générales très importantes : la question du *système casuel* du français et de l'italien, et celle du *régime,* dont M. Vendryes, dans son livre *Le Langage,* a dit avec raison qu'elle « méritait d'être discutée ».

Dans notre *Première Partie* nous nous sommes presque exclusivement servi d'exemples français. Dans la *Deuxième Partie* aussi, nous avons donné la plupart de nos analyses dans la description des prépositions françaises, renvoyant alors souvent à ces passages dans la description des prépositions italiennes.

Là où nous avons cru distinguer des perspectives nouvelles, nous avons été obligé quelquefois d'inventer une terminologie nouvelle. Dans plus d'un cas il aurait sans doute été possible de choisir d'autres termes : l'essentiel est de savoir si les perspectives elles-mêmes sont réelles.

PREMIÈRE PARTIE

Les Principes de la Description

Introduction

Lorsqu'un individu se propose de donner à une pensée une forme linguistique, il commence, comme on le sait, par se représenter cette pensée comme une synthèse, sans donner tout de suite à cette synthèse une forme linguistique. Ensuite il analyse cette synthèse. Il sépare mentalement — et toujours encore sans leur donner une forme linguistique — les *idées*, de ce qui ne représente que les *rapports* entre ces idées. Il pourra concevoir entre deux idées un rapport *logique* (par exemple causal) — ce qui, plus tard, déterminera entre autre le choix de ses conjonctions —, ou un rapport *psychologique* [1]. Pour ce qui concerne ce deuxième cas : il pourra par exemple combiner, dans son analyse mentale non encore linguistique, deux idées dans une unité secondaire (par exemple : « Jean » et « lit »), ou sentir une idée étroitement liée à un des « déterminants » de cette idée (par exemple : « poulain » et

---

[1]. Il n'est pas toujours possible, ni nécessaire, de distinguer nettement ce qui est « logique » de ce qui est « psychologique ».

« jeune ») — ce qui aura une grande influence, dans la phrase qu'il va former tout à l'heure, sur la place des mots (par exemple : « un jeune poulain », et non pas : « un poulain jeune »), et sur la syntaxe et le choix de ses prépositions. Il pourra concevoir deux idées comme psychologiquement indépendantes l'une de l'autre (par exemple : « Il a trente ans et il est Français »), ou l'une de deux idées comme psychologiquement subordonnée à l'autre (par exemple : « Je veux qu'il m'écoute ; Je vois qu'il part ») — différence qui déterminera en grande partie le choix et la syntaxe des modes dans la phrase qu'il va former tout à l'heure[1]. Il distinguera entre idées nominales et idées verbales, ce qui de nouveau sera de la plus grande importance pour la formation future de sa phrase. — On sait pourtant que quelquefois il pourra ou devra exprimer une idée verbale par une forme nominale, et inversement. — Il pourra se placer subjectivement ou objectivement en face des idées verbales, ce qui influencera en grande partie par exemple le choix et la syntaxe des temps. Tout cela aura donc la plus grande importance pour la forme linguistique qu'il va donner tout à l'heure à sa pensée.

Voici maintenant arrivé le moment où l'individu va former sa phrase.

Pour cela, il aura à sa disposition un certain nombre de signes linguistiques, pour l'emploi desquels le groupe auquel il appartient[2] lui prescrit des règles relativement stables. Pour exprimer les *idées,* il disposera de *sémantèmes*[3] (nomina, verba, nominalia[4]), pour

---

1. La liberté du choix sera, ici comme ailleurs, fortement restreinte par les « règles » que le groupe impose à l'individu.
2. Son pays et son milieu social.
3. Terminologie de M. VENDRYES.
4. Terminologie de M. BRUNOT.

exprimer les *rapports* entre les idées, il aura les *mor-phèmes* (ou : *outils syntaxiques*), l'ordre des mots, etc. A ce groupe de morphèmes appartiennent entre autres les désinences modales, comme le subjonctif, puis les conjonctions, des suffixes, des désinences de genre — ces deux dernières espèces de signes seulement pour autant qu'elles expriment des rapports syntaxiques — et aussi les *prépositions*, dont nous allons nous occuper dans cette étude.

II

Syntaxe mobile et syntaxe figée

Nous aurons souvent l'occasion de faire remarquer
que partout dans la syntaxe de la préposition il y a de
nombreux cas de transition. Or, à aucune des perspectives à établir cette remarque ne s'applique mieux qu'à
la distinction qu'il importe de faire entre la syntaxe
mobile et la syntaxe figée. Dans la description syntaxique d'un morphème comme le subjonctif, la limite
entre les deux syntaxes est relativement nette, ce qui
veut dire qu'il est très important d'enregistrer cette
distinction entre les deux syntaxes. On ne comprend pas
la différence entre *Vive le roi,* construction sans *que* et
avec inversion, et *Que le roi vive,* si l'on ne se rend pas
compte de la nature figée de la première, de la nature
mobile de la seconde de ces deux constructions. Mais
quand il s'agit de morphèmes comme les prépositions,
cette distinction, quelque réelle qu'elle soit et quelque
nécessaire qu'il soit donc, dans une description linguistique, de l'enregistrer, est beaucoup plus difficile à
établir rigoureusement. Il y a un seul subjonctif, comme
il y a un seul imparfait, mais il y a un grand nombre de
prépositions, comme il y a un grand nombre de conjonctions. La matière est donc, pour ces morphèmes nombreux, beaucoup plus flottante que pour un morphème
comme le subjonctif. Toute préposition appartient plus
ou moins au vocabulaire; or, le critère pour la dis-

tinction en question, est, au fond, celui-ci : est figé tout ce qui est entré dans le vocabulaire, vivant ou mourant désormais comme vivent ou meurent les mots, à l'abri de tout changement dans la syntaxe mobile et évoluante. Dès lors, impossibilité fréquente ici de distinguer les constructions mobiles des constructions figées. Mais en même temps il est, *par là même*, beaucoup moins nécessaire de tâcher de fixer ici des limites nettes, puisque la distinction en question n'est importante que pour autant qu'elle peut être nettement faite. Voici par exemple deux constructions qui pourraient être considérées aussi bien comme des cas de syntaxe figée que de syntaxe mobile, et qui serviront admirablement à préciser notre point de vue : *En prison*, c'est-à-dire un locatif avec *en*, *A deux mains*, c'est-à-dire un *à* instrumental. Qu'est-ce qui explique ici l'absence de l'article? L'introduction, dans la langue, de *dans* et de *avec*. En d'autres termes : la naissance de deux nouvelles prépositions a « immobilisé » ici *en* et *à*. L'emploi de ces deux prépositions a, par là, quelque chose de locutionnel, de « figé ». Pourtant, on ne peut pas dire que *En prison* et *A deux mains* représentent des constructions entièrement figées. Voilà les véritables cas de transition entre les deux syntaxes. Ils sont nombreux.

Enregistrons donc comme des constructions appartenant à la syntaxe figée celles qui montrent nettement ce caractère, sans demander aux faits une précision qu'ils n'ont pas ici. Et voici alors quelques types de syntaxe figée que tout le monde reconnaîtra sans doute comme tels :

a) des noms propres :

Châlons-sur-Marne ; Uccle-lès-Bruxelles ;

b) des formules telles que :
docteur-ès-lettres ;

c) des constructions où la préposition « fait corps » avec le verbe :

> *prendre pour; compter sur; servir de;*

d) des nouvelles prépositions, conjonctions, etc., composées :

> *pour peu que; à mesure que; au moyen de; par ordre de; à cause de;*

e) le gérondif :

> *en parlant;*

f) une foule d'adverbes, substantifs composés, exclamations, expressions adverbiales, etc. :

> *en effet, à vrai dire, char-à-bancs, au secours, et pour cause,* des centaines d'autres.

Il serait facile d'allonger cette liste; nous en rencontrerons d'autres dans notre description des différentes prépositions. Ici il ne s'agissait que d'établir le principe de la distinction entre les deux syntaxes.

III

Définition de la préposition

Nous pouvons aborder maintenant la question de savoir ce que c'est qu'une préposition. Voici d'abord quelques-unes des définitions qu'on en a données.

« Terme de grammaire. Mot invariable qui sert à marquer le rapport d'un mot avec un autre » (LITTRÉ).

D'après cette définition, *et* serait une préposition dans *Jean et sa femme se promènent*. D'ailleurs, ne demandons pas aux auteurs de dictionnaires des définitions syntaxiques [1].

« Die Präposition ist ein Verbindungswort, mit welchem ein Kasus eines beliebigen Substantivums verknüpft werden kann, ohne dass die Verbindungsweise noch in Analogie zu einer nominalen oder verbalen Konstruktionsweise steht » (PAUL, *Prinzipien der Sprachgeschichte*, § 259). Cette définition ne tient compte ni des prépositions qui expriment autre chose qu'un cas (par exemple *entre*), ni de la préposition devant un infinitif.

« Von dem Worte trennbare Partikeln, die als Aquivalente der Kasusformen funktionnieren » (WUNDT, *Die Sprache*, I, 69). Ici encore la définition ne comprend pas des prépositions comme *inter*, *malgré* ou *fra*, qui ne sont pas « casuels ».

---

1. Dans beaucoup de grammaires d'ailleurs, tout le chapitre de la préposition n'est autre chose qu'un fragment de dictionnaire, sans ombre d'analyse ou de description *syntaxiques*.

« Le preposizioni si prepongono a nomi o pronomi
o infiniti per esprimere un rapporto fra esso ed altra
parola del discorso » (GOIDANICH, *Grammatica italiana*,
§ 68). Dans cette définition encore, *ma* et *e* seraient des
prépositions, comme dans la définition de Littré. Puis
il s'agit justement de préciser la nature de ce « rapporto ».

« Die Präposition ist syntaktisch ein Wort mit
doppelter Funktion : einmal dient sie zur Verknüpfung
eines Satzteiles mit einem anderen, zweitens drückt sie
eine Beziehungsbedeutung aus ». (HAAS, *Französische
Syntax*, § 387). Ici nous avons une analyse plutôt qu'une
définition, analyse intéressante, d'ailleurs, parce qu'elle
rend compte du fait que toute préposition a une fonction commune avec toutes les autres, à côté d'une fonction spéciale qui la distingue de ces autres prépositions.

Dans le *Lehrbuch der italienischen Sprache* de
VOCKERADT, nous rencontrons l'idée qu'une préposition
ne précède pas seulement un nom, pronom ou infinitif,
mais aussi « Adverbien und sogar Adverbialsätze »,
par exemple « Bellano era in allora corte arcivescovale ;
in meno che non ; per dopo che fosse », etc. (§ 454).

Toutes ces définitions, et d'autres encore, nous semblent incomplètes, tantôt sur un point, tantôt sur un
autre. Et voici alors une définition que nous croyons,
sauf erreur, complète :

Dans la syntaxe mobile est préposition : la particule qui relie et subordonne [1] à une autre partie de
la phrase : un nomen [2] ou construction nominale
(telles que la phrase substantive conjonctionnelle et
la phrase relative), un pronomen, un infinitif, un

---

1. L'article, par exemple, ne relie pas, ni ne subordonne.
2. Le « nomen » comprend aussi l'adjectif, le nom du
nombre, le participe passé-adjectif.

adverbe, une construction ou phrase adverbiales [1] —
à moins qu'il n'y ait ellipse du verbe [2].

Dans la syntaxe figée est préposition : toute
ancienne préposition qui a gardé, lorsque la construction s'est figée, une certaine indépendance par
rapport aux autres éléments de la construction.

Pour ce qui concerne la syntaxe mobile, cette définition exclut des constructions comme : « Jean *et* sa
femme se promènent », où il y a coordination, au
moyen d'une conjonction. Elle comprend, par contre,
des phrases comme : « Faire quelque chose en *très peu
de temps ;* Revenir de *là-bas ;* Refuser de *payer* ses
impôts ; Cet enfant sait compter de un à *dix ;* J'ai une
tirelire pour *quand je serai grand ;* Il est méchant pour
qui lui résiste ; Je suis content de *ce qu'il est venu* [3]. »

Tâchons maintenant de justifier la seconde partie de
cette définition, celle qui permet de reconnaître par
exemple les prépositions *à, en, de, pour* dans : *à fur et
à mesure, à partir de, en fin de compte, de plain-pied,
pour sûr,* etc.

On pourrait défendre le point de vue suivant : lorsque,
dans une construction figée, la particule ne relie plus, il
n'y a plus de préposition. Ainsi, dans *à son corps défendant,* la particule *à* ne relie plus *corps* au reste de la
phrase, puisque *à son corps défendant* représente une
unité. Par contre, dans *char-à-bancs,* la particule *à* relie
encore deux éléments (*char* et *bancs*) dans le corps de

---

1. L' « adverbe » et la « construction adverbiale » ne fonctionnent alors comme « adverbes » qu'*ensemble avec la préposition ;* voir les deux premiers exemples. On les appelle pourtant des adverbes (par exemple « de lieu »).

2. En effet, *quoique* par exemple, reste conjonction dans une
phrase comme celle-ci : « Cette femme, quoique baronne, est
très vulgaire ». De même, *comme* dans « Elle chante comme
un ange ».

3. *De ce que* est le « génitif » de la conjonction *que,* introduisant ici une phrase substantive conjonctionnelle.

l'expression, et est donc encore préposition, d'après notre définition, dans la syntaxe figée.

Je crois qu'il faut se placer à un autre point de vue, qui permet d'appeler *à* également une préposition dans *à son corps défendant*.

Les plus anciennes prépositions se rencontrent également dans des constructions figées, c'est-à-dire elles y ont fonctionné comme prépositions tant que ces constructions ne s'étaient pas encore figées. Or, parmi ces constructions il y en a où la particule en question n'est plus du tout sentie comme un élément plus ou moins distinct des autres éléments qui composent la construction, par exemple dans *afin que, dedans, debout, pourtant*. La construction est devenue là, à son tour, une unité absolue, dont rien ne permet plus de considérer un des éléments comme une préposition : il n'y a plus de syntaxe du tout dans ces unités. Mais il y a d'autres constructions figées où une des particules en question garde une certaine indépendance et où il y a encore de la syntaxe, par exemple dans *en moins de, à son corps défendant, à tour de rôle, en réalité, un pince-sans-rire,* quantité d'autres encore. Or il me semble que là il faut continuer à appeler l'ancienne préposition une préposition : voilà pourquoi nous avons rédigé notre définition telle qu'on vient de la lire. Tandis qu'il n'y aura pas de préposition dans *derechef, debout, afin de, à moins que, s'enfermer, de sorte que, pourtant, par contre*, etc.

Il va sans dire qu'il y a ici, comme partout ailleurs dans la description syntaxique de la préposition, de nombreux cas de transition. Ce n'est certainement pas cette circonstance-là qui nous empêcherait d'avoir raison dans la façon de formuler notre définition ; celle-ci serait, au contraire, certainement fautive si elle n'admettait pas des cas impossibles à trancher dans une matière aussi flottante, aussi variée, et qui évolue.

IV

Faculté d'expression et pouvoir de suggestion

Dans une étude syntaxique sur le subjonctif en français moderne, nous avons démontré que ce morphème, qui *s'ajoute* à des idées verbales :

a) peut se trouver dans *deux* positions syntaxiques différentes qui ne dépendent pas de la « valeur » du sémantème verbal auquel il s'ajoute : il peut être ajouté à une idée verbale *indépendante,* ou à une idée verbale psychologiquement *subordonnée* à une autre idée ;

b) n'exprime dans la première position qu'une nuance volontive, en français moderne ; dans la seconde position exclusivement la subordination psychologique en question, quelle que soit la « valeur » stylistique de la phrase entière.

La préposition, elle, *relie en subordonnant,* comme nous l'avons vu plus haut [1]. Il résulte de cela que la préposition ne peut pas se trouver, comme le subjonctif, dans deux positions différentes, tant qu'on ne fait pas entrer en ligne de compte la valeur des mots qu'elle relie : la préposition, à ce point de vue, est toujours dans la même position. De sorte qu'elle ne peut pas avoir, comme le subjonctif, deux fonctions fondamentales, mais *une seule.*

------

1. Le pronom relatif relie aussi en subordonnant, mais d'autres éléments. Une conjonction comme *parce que* également, tandis que par exemple *mais* relie en coordonnant.

Prenons la préposition *de*. Celle-ci *exprime*, évidemment, ce que toute préposition exprime et ce que nous avons formulé plus haut : c'est donc cette fonction-là qu'elle *exprime* réellement dans *la descente de la croix*. Admettons maintenant que nous ayons affaire ici à un *ablatif*. La préposition suffit pour nous faire comprendre que *croix* dépend de *descente*. Mais elle est incapable de nous faire comprendre la nuance de ce rapport entre ces deux mots : génitif ou ablatif. Il faudrait pour cela : ou une préposition *ne pouvant signifier* que le « point de départ » et exprimant donc réellement ce rapport, ou un contexte plus étendu, par lequel nous comprendrions le vrai rapport, à l'aide encore de la « logique de la pensée ». *De* n'exprime donc ni le génitif, ni l'ablatif, *puisqu'il peut représenter aussi bien l'un que l'autre.* Dans : *Il fut jeté par la fenêtre par le peuple*, les prépositions n'expriment pas les rapports que nous comprenons dans cette phrase : elles ne font que « suggérer » ces rapports, ou « aider à les exprimer », si l'on veut, puisqu'il faut la logique de la pensée pour les comprendre. Il en est de même dans *mourir de froid, morire di freddo*, et même dans *morire dal freddo*. Si nous comprenons plus facilement, pour ainsi dire, le rapport marqué dans cette dernière construction, c'est que *da* représente moins de possibilités de sens que *di*, mais *da* n'exprime pourtant pas non plus le rapport ablatif en question [1]. Par contre, en disant *morire per causa di...*, le rapport causal est *exprimé*, puisque la préposition employée maintenant ne peut pas signifier autre chose.

Ainsi : *de* et *di* n'expriment que ce que *toute* préposition exprime. Leur « pouvoir de suggestion », par

---

1. On n'a qu'à penser à : *Sono da lui ; andiamo da lui ; vengo da lui.*

contre, est, à cause de cela, très grand. *A cause de* et *per causa di* expriment également ce que toute préposition exprime. Mais ils expriment en outre un rapport causal, puisque c'est *le seul* rapport qu'ils peuvent marquer. Ces deux prépositions ont donc une faculté d'expression bien plus grande que *de* et *di,* mais un pouvoir de suggestion infiniment moins grand [1].

Pratiquement toutes ces différences n'ont qu'une importance bien relative [2], puisque le contexte est toujours là. Il est vrai encore que la distinction entre ce qu'un signe syntaxique exprime et ce qu'il ne fait que suggérer [3] est plus importante par exemple pour le subjonctif ou pour l'article défini, ou pour l'imparfait, ou pour tout autre morphème syntaxique qui est seul, que pour les prépositions ou pour les conjonctions, qui sont si nombreuses, et où la valeur lexicologique joue un si grand rôle. Mais il n'en est pas moins vrai que linguistiquement ce serait une erreur fondamentale de ne pas distinguer entre la faculté réelle d'expression d'un morphème et son pouvoir de suggestion. Même pratiquement sous certains rapports. Ainsi ce n'est que grâce à cette distinction qu'on *comprend* réellement pourquoi certaines

---

1. Comparez encore *que* à *parce que,* ou *à* à *vers.*

2. Ainsi, libre aux manuels exclusivement *pratiques* de dire que les morphèmes les plus vides sont justement ceux qui sont capables d'exprimer le plus de choses. On peut, d'ailleurs, être un excellent auteur de manuel pratique sans avoir la moindre notion de ce que c'est que la linguistique et de la façon dont les problèmes de syntaxe s'y posent !

3. J'oppose toujours ainsi l'expression « exprimer » à l'expression « suggérer » ; on pourrait, cependant, préférer d'autres *termes* pour cette distinction essentielle, par exemple opposer « exprimer » à « aider à exprimer », ou encore : « exprimer seul » à « exprimer ensemble avec d'autres éléments ». Seulement, il me semble préférable de souligner la différence en question par l'emploi de deux verbes différents, marquant ainsi *nettement* qu'il s'agit de fonctions *nettement* différentes.

prépositions, par exemple *de,* peuvent ne conserver, dans certaines conditions, que leur seule fonction de morphème subordonnant, sans aucune nuance spéciale, comme par exemple le *de* de l'infinitif historique français, le *a* de l'infinitif historique italien [1]. Cette notion est très importante aussi pour l'étude des prépositions dans la grammaire historique.

---

[1]. Parmi les conjonctions il en est de même pour *que.*

V

Quelques fonctions spéciales de prépositions

Nous voudrions réunir dans ce chapitre trois fonctions spéciales de certaines prépositions qui méritent peut-être d'être signalées à part, à savoir :

a) la préposition « écrasée » ;
b) la préposition « introductrice subordonnante » ;
c) la préposition « fin de mot ».

Ce dernier cas appartient à la syntaxe figée.

A) La préposition vide « écrasée »

Les prépositions *de, à, en, pour, di, a, da, in* et *per* peuvent se trouver dans des positions où elles sont, pour ainsi dire, « écrasées » entre le terme régissant et le régime. Elles servent alors à éviter ce qu'on pourrait appeler un hiatus syntaxique grammatical [1]. Entièrement vide de sens, la préposition représente alors une sorte d'élément syntaxique « de transition », comparable au « son transitoire » de la phonologie. Ce cas se présente :

a) entre un verbe et un infinitif-régime à l'accusatif :

---

1. Un hiatus syntaxique peut aussi être *individuel,* c'est-à-dire dépendre exclusivement de l'initiative de l'individu. Il importe de bien distinguer ces hiatus *stylistiques* et *voulus,* de l'hiatus inhérent à une construction, et par conséquent *grammatical.*

Je refuse (de) [1] partir
Je demande (à) rester
Io domando (di) venire
Io incomincio (a) parlare
Udire (a) parlare

L'hiatus est créé ici par le fait que le terme régissant et le régime sont tous les deux des formes verbales ; avec un régime substantif, l'hiatus n'existe pas, ni entre un « verbe auxiliaire » et un infinitif. Ainsi l'italien dira bien plus souvent *udire parlare* que *udire a parlare ;* le *a* d'ailleurs n'en est que plus écrasé dans ce cas, d'autant plus qu'en général l'italien sent beaucoup moins que le français le besoin de combler des hiatus syntaxiques grammaticaux. Le latin n'a pas du tout ce besoin.

b) dans le « double accusatif » :

Déguiser quelqu'un (en) prêtre
Prendre quelqu'un (pour) domestique
Traiter quelqu'un (d')ami
Travestirsi (da) contadino
Eleggere qualcuno (a) re [2]

Le choix de la préposition n'est pas libre, en général, mais elle n'en est pas moins « écrasée » ici.

c) devant le « sujet logique » :

Il est inutile (de) réagir
C'est une honte (de) mentir
È una vergogna (di) fare questo

d) devant l' « infinitif historique » :

Grenouilles (de) sauter
Ecco i guidici (a) sedere

---

1. Nous ne voulons nullement indiquer par le signe ( ) que l'emploi de la préposition serait facultative !

2. La préposition reste, lorsqu'on intervertit les objets : *Déguiser (en) prêtre quelqu'un,* etc.

e) devant le « prédicat » dans :
   Si j'étais (que de) vous

Dans ce dernier cas nous avons la combinaison *que de*, qu'on aura aussi dans *C'est une honte (que de) mentir*. De même, on aura un *que* écrasé dans *C'est une belle fleur (que) la rose*.

Il ne faut pas du tout considérer comme écrasée la préposition dans : *traiter quelqu'un en ami, essere in padre, rispondere da medico, imputer à crime, être à charge, recare a inguiria*. Ce ne sont pas des « accusatifs », et la préposition, pour être « vide », n'en est pas pour cela « écrasée ». Nous aurons à revenir sur ces cas. Par contre, la préposition sera écrasée dans ce que la grammaire logique appelle le « double nominatif », où le second « nominatif » est un régime, tout comme par exemple le sujet logique [1] : *E stato elesso (a) re; Il a été déguisé (en) prêtre.*

B) La préposition vide « introductrice subordonnante »

Il y a un autre emploi où la préposition peut être considérée comme entièrement vide, mais elle n'y est nullement écrasée. Cet emploi se rencontre, si je le vois bien, dans quelques types de phrases qui ont ceci de commun : elles se composent d'une phrase principale, et d'une phrase subordonnée fortement indépendante de la principale. Voici d'abord deux des types que j'ai en vue ici :
   a) De dire cela, ce serait idiot.
      De dire cela, je ne l'oserais jamais.
   b) Vous êtes donc des voleurs, pour tout casser?
      Vous n'avez donc pas faim, de manger si peu?

---

1. *Il ne me convient pas de le recevoir ; Il y a un Dieu,* représentent également pour **M. Brunot** des phrases avec un sujet (*Il*) et un complément (*recevoir, Dieu*), cf. BRUNOT, *La Pensée et la Langue,* p. 13.

Dans le premier cas, il s'agit de phrases dont on a « détaché » une partie, qui représente un régime pléonastique, tantôt sujet détaché, tantôt complément détaché. Il faut rapprocher de cette construction des phrases comme : *Cet homme, je ne le connais pas ; Ces vieux, ça n'a qu'une goutte de sang dans les veines.* Ce sont des phrases brisées : un élément de la phrase fait « une petite proposition à part » comme le disait Weil. Pourtant, cette « proposition à part » continue à faire partie de la phrase entière ; elle n'est que fortement *indépendante* de la principale, qui constitue un tout grammaticalement *achevé*.

Dans le second cas, il s'agit de ce qu'on pourrait appeler une « justification en appendice ». La principale est psychologiquement *achevée;* le mot final de cette principale (*voleurs*) porte l'accent et le ton d'un mot final de phrase simple achevée; le reste de la phrase est ajouté « après coup », comme « en appendice ». Cette subordonnée est donc également fortement *indépendante*.

On voit donc ce que ces deux types de phrases subordonnées ont de commun : une très grande indépendance, sans cesser pour cela d'être des propositions subordonnées.

Quelle est maintenant la fonction de la préposition dans ces deux types de phrases?

Elle *relie* et *subordonne*, comme toujours. Mais, en dehors de cette fonction-là, et à cause de la très grande indépendance de la proposition subordonnée, elle fonctionne comme une véritable particule *introductrice*. En dehors de ces fonctions elle ne signifie rien : elle est entièrement *vide*, même dans *Vous êtes donc des voleurs, pour tout casser*, où il serait bien vain de chercher dans *pour* une nuance causale. Dans ce dernier cas, *pour* adoucit un peu plus que *de* la transition, mais c'est tout.

En un mot : on peut donner à la préposition vide, dans cette position spéciale, le nom de *préposition vide introductrice-subordonnante*, terme qui réunit tous les aspects de cette fonction.

Y a-t-il d'autres cas où cette fonction se rencontre ? J'en vois encore deux, à savoir les types :

    c) Pour un bandit, en voilà un fameux.

    d) Il tomba, pour ne plus se relever.

       Nous sommes allés à Rome, pour aller ensuite à Naples.

Le premier type se rapproche du type : *De dire cela, je ne l'oserais jamais ;* il y a seulement ici un substantif au lieu d'un infinitif. *Pour* y a les quatre caractéristiques de la préposition vide introductrice-subordonnante : il est vide, il relie, subordonne et introduit.

Quant au second type : *pour* y montre de nouveau ces quatre aspects. Il ne s'agit, dans les phrases de ce type, que d'une simple succession de faits, sans aucune nuance finale : la phrase avec *pour* est très indépendante et *pour* est entièrement vide. On pourrait dire que l'emploi de la préposition sert à permettre l'emploi d'un infinitif, rien de plus.

Dans des incises, ou dans des subordonnées du type : *Pour vous dire la vérité*, la préposition n'est pas vide : cette dernière subordonnée représente plutôt une sorte de cliché elliptique : « (Soit dit pour...) » en tout cas, la nuance finale y est très sensible. Dans *à vrai dire*, ou dans *sur mon honneur*, ou dans *sans blague*, dans beaucoup d'autres incises encore, nous avons également ment des clichés ; là encore la préposition n'est pas vide, et là encore elle n'est donc pas spécialement et uniquement préposition introductrice-subordonnante, comme dans les quatre constructions analysées plus haut :

    a) la subordonnée détachée avec infinitif ;

b) la « justification en appendice » ;
c) la subordonnée détachée avec substantif ;
d) la simple « succession de faits [1] ».

C) La préposition « fin de mot »

On pourrait donner ce nom à un type de construction
que nous avons déjà signalé, en passant, dans notre
chapitre sur la syntaxe figée : il s'agit de prépositions
qui forment une unité sémantique avec un verbe, par
exemple *passer pour* dans le sens de « être pris pour »,
« être considéré comme » ; *prendre pour; compter sur,*
ce qui est tout autre chose que *compter; servir de;*
répondre de, avoir à, faire dans (les liquides), voyager
dans (les liquides). En italien : *contare sopra, passare*
per. Ces unités sémantiques sont suivies d'un « accusativus ». On retrouve ce type dans beaucoup de langues,
comme on le sait, et il semble inutile d'insister sur ces
constructions « figées ». J'ai seulement cru qu'elles
méritaient d'être signalées à part, en leur donnant un
nom spécial. Nous en rencontrerons d'autres dans notre
description des prépositions.

---

1. Dans ces quatre types de phrases, le hollandais aurait
om ou *voor,* absolument vides également. L'italien a *di* et *per,*
mais ignore le type *b*).

VI

Le système casuel du français et de l'italien

Avec la disparition des désinences casuelles, les langues romanes n'ont pas perdu, évidemment, les rapports casuels eux-mêmes : je suppose que tout le monde est d'accord là-dessus. Il importe pourtant de bien s'entendre : je pense à ceux pour qui le latin n'a plus d'instrumentalis, le grec n'a plus d'ablativus, le français n'a plus d'accusativus depuis la disparition de la flexion. En quoi ils ont raison, jusqu'à un certain point, au point de vue morphologique. Mais au point de vue syntaxique, ils me semblent avoir tort : la question de savoir si tel *rapport* est un rapport de génitif ou d'ablatif est avant tout une question d'analyse syntaxique. Le rapport casuel n'est pas du tout le même dans *frapper du pied* (instrumental) que dans *regarder de la fenêtre* (ablatif). On ne tient pas à exprimer ici ces nuances syntaxiques, mais elles existent. Nier cela, c'est confondre la morphologie avec la syntaxe. *Romam ire* et *Romam videre* ne représentent deux « accusatifs » qu'au point de vue purement morphologique ; au point de vue syntaxique nous avons là un « directivus » et un « accusativus », tout comme *causis* peut aussi bien être « dativus » que « ablativus ». Et ainsi de suite.

Ce principe posé, nous allons d'abord, pour plus de clarté, dire comment nous concevons la description du système casuel du français, pour expliquer et justifier après cette conception.

En dehors du nominativus, Wundt distingue les rapports casuels suivants : genitivus, dativus de l'objet éloigné, accusativus, locativus, instrumentalis-socialis, dativus et ablativus. En les divisant en deux groupes, les « cas de détermination intérieure » et les « cas de détermination extérieure », il les met pourtant tous sur le même plan. Cette perspective nous semble erronée ; nous lui opposons la perspective suivante : il y a — toujours en dehors du nominativus — cinq « cas », à savoir : le *locativus*, l'*instrumentalis-sociativus*, le *directivus* (nom que nous préférons ici à celui de « dativus »), l'*ablativus* et l'*accusativus*. Voilà, pour ainsi dire, les cas du premier plan, ceux qu'on pourrait appeler les cas « primaires ». Le *genitivus* et le *dativus* ne représentent que des nuances morphologiques de l'accusativus, se trouvant ainsi sur un autre plan que les cas « primaires » : on pourrait les appeler les cas du second plan, ou cas secondaires. Ou encore : cas « morphologico-syntaxiques ».

Donnons maintenant d'abord un tableau de **notre** système casuel.

LOCATIVUS

ASPECTS MORPHOLOGIQUES	NUANCES D'ORDRE STYLISTIQUE
Constructions avec préposition. *à, en,* *de* (« de jour ») *a, in,* *di* (« di giorno ») *da* (« da sera » ; « da mio zio ») **Constructions non-prépositionnelles :** **Formes spéciales,** par exemple : *y, li, là, là-bas, vi, qui.*	La « localisation » peut être : a) local : « à Paris » b) temporel : « à 6 heures » c) conditionnel : « à les voir, on dirait des bandits ». (= le « gérondif mobile ») par exemple : « être né un dimanche »

ABLATIVUS

ASPECTS MORPHOLOGIQUES	NUANCES D'ORDRE STYLISTIQUE
Constructions avec préposition : *de, par, pour,* *di, da, per* [Le latin avait des formes spéciales, par exemple, *hine, inde.* Peut-on considérer comme formes spéciales : *de là, d'ici, diqui,* etc. ?]	Le « point de départ » peut être : a) local : « venir de Paris » b) temporel : « de 5 à 6 heures » c) conditionnel : « mourir de froid » Nuances plus spéciales : *Ablativus causæ* « *originis* « *separationis,* etc.

DIRECTIVUS

ASPECTS MORPHOLOGIQUES	NUANCES D'ORDRE STYLISTIQUE

Constructions avec préposition :
à, en, pour,
a, in, per,
da
 	
Formes spéciales, par exemple : *vi, y, là.*
	La « direction vers » peut être :
	a) local : « aller à Paris », « partir pour Paris ».
	b) temporel : « remettre à demain »
	c) conditionnel : « travailler pour quelqu'un »
	Le « *directif* conditionnel » se subdivise en plusieurs nuances spéciales :
	1. *directif final :* « travailler pour vivre »
	2. *directif d'intérêt :* « travailler pour vous » (= « dativus commodi »)
	3. *supin directif :* « donner à copier »
	         « dare da leggere »
	4. *directif de caractérisation :*
	    « verre à vin », « bicchiere da vino »

INSTRUMENTALIS-SOCIATIVUS

ASPECTS MORPHOLOGIQUES	NUANCES D'ORDRE STYLISTIQUE
Constructions avec préposition : *de, à, avec,* *di, a,* *da, per,* *con, en*	L' « accompagnement » peut être : a) local : « se promener avec sa femme » b) temporel : « se lever avec le soleil » c) conditionnel : « frapper d'un coup d'épée », « payer en or », « écrire en latin », Nuances spéciales : a) *l'instrumental de caractérisation :* « navire à voiles » « nave a vela » b) *l'instrumentalis pretii, instrumenti, material,* etc. (par exemple : « une colonne en marbre »)
Constructions non-prépositionnelles, par exemple :	« vendre quelque chose deux sous »

ACCUSATIVUS

A. Non-prépositionnel	Exemples : « Je vois un homme » ; [« L'épée le roi »] ; « Io vedo un uomo » ; holl. : « een mand kersen », « een pond kersen », « vol kersen ».
B. Avec préposition écrasée.	Nuances : « Je refuse (de) le faire » « Je demande (à) le faire » « Je me déguise (en) prêtre » [le «double accusatif »] « J'ai été déguisé (en) prêtre » [le «double nominatif »] « Il est bon (de) partir » [*accusatif du sujet logique*]

B. Avec préposition écrasée. (*Suite*)	« Prendre quelqu'un (pour) domestique » « Grenouilles (de) sauter » [l'«infinitif historique »] « È un piacere (a) sentirla » « Travestirsi (da) contadino » « Ecco i giudici (a) sedere » « Eleggere qualcuno (a) re » « Vi sento (a) predicare »
C. Avec préposition-fin de mot.	Exemples : « passer pour] un malfaiteur »; « prendre pour] », « compter sur] », « contare sopra] », « venir de] », « passare per] », « servir de] », « croire en] », etc.
D. Avec *de* libre } *di* libre } C'est le **génitif**.	Nuances : génitif du sujet, de l'objet, de possession, de matière, etc.
E. Avec *à* libre } *a* libre } C'est le **datif**.	Nuances : le datif de l'objet éloigné avec *à*, le datif du régime adverbal, le datif du régime adnominal, le datif de possession (rare en italien), etc.
F. Avec diverses prépositions « vides »	Exemples : « parier sur un cheval », « avoir confiance en quelqu'un », « avoir du goût pour quelque chose », « un voyageur en liquides », « un pari sur un cheval », « prendre exemple sur quelqu'un »; *holl.* : «een mand met kersen », « vol met kersen ».
G. Avec préposition dont la valeur est « impliquée » dans le mot régissant.	Exemples : « lutter avec quelqu'un », « une lutte avec quelqu'un », « se heurter contre quelque chose » [« se heurter à » = *datif*], « être d'accord avec quelqu'un », « se pencher sur »

NOMINATIVUS

Le cas du sujet.

Exemple : « *Paris* est la capitale de la France »

Voici quelques applications de ce système :

« **Il est mort de froid** » cas : *ablativus*
   aspect morphologique : *ablativus avec de*
      nuance casuelle stylistique : *ablativus causæ*
            (nuance de l'ablativus conditionnel).

« **Il envoie cela à Rome** » cas : *directivus*
   aspect morphologique : *directivus avec à*
      nuance casuelle stylistique : *directivus local.*

« **Il fait cela pour moi** » cas : *directivus*
   aspect morphologique : *directivus avec pour*
      nuance casuelle stylistique : « *directivus d'intérêt* »
            (nuance du directivus conditionnel).

« **Il fait cela pour vivre** » cas : *directivus*
   aspect morphologique : *directivus avec pour*
      nuance casuelle stylistique : « *directivus finalis* »
            (nuance du directivus conditionnel).

« **Un navire à voiles** » cas : *instrumentalis.*
   aspect morphologique : *instrumentalis avec à*
      nuance casuelle stylistique : « *instrumentalis de carac-
térisation* »
            (nuance de l'instrumentalis local).

« **Donnez-lui à boire** » cas : *directivus*
   aspect morphologique : *directivus avec à*
      nuance casuelle stylistique : « *supin directif* »
            (nuance du directivus conditionnel).

« **J'en reviens** » cas : *ablativus*
   aspect morphologique : *forme spéciale : « en »*
      nuance casuelle stylistique : *ablativus local.*

Qu'avons-nous donc fait, et comment le justifier ?

Notre locatif, ablatif, *directif* et instrumental-sociatif correspondent aux quatre rapports casuels que Wundt appelle locatif, ablatif, *datif* et instrumentalis-sozialis.

Au point de vue *morphologique*, chaque langue a ses formes propres pour marquer ces rapports casuels : le latin a ses désinences, quelquefois renforcées par des prépositions, le français et l'italien ont des prépositions. Ce sont là des signes casuels morphologiques.

Chacun de ces quatre cas peut exprimer une nuance « locale » (« Raum »), une nuance « temporelle » (« Zeit ») et une nuance « conditionnelle » (« Bedingung ») : avec ces précisions nous entrons sur *le terrain du style*, le terrain où on précise la signification *spéciale* de l'exemple qu'on a sous les yeux. Ainsi : en analysant la phrase *J'ai remis cela à demain,* nous avons comme rapport casuel : un directivus, comme forme morphologique : un directivus avec *à*, comme nuance stylistique : un sens temporel. Dans *Je vais en France,* nous avons comme forme morphologique : un directivus avec *en*, comme nuance stylistique : un sens local. Le « cas » est le même dans les deux exemples. Dans *ire Corinthum,* nous avons comme cas également un directivus, comme forme morphologique un accusativus morphologique ou forme en -*um*, comme nuance stylistique : un sens local. On voit ce que ces trois phrases ont de commun, et en quoi elles se distinguent les unes des autres. Sur le terrain « stylistique » on pourrait préciser jusqu'à entrer dans la lexicologie pure, c'est-à-dire sur le terrain du dictionnaire.

Quant aux rapports casuels ainsi définis, on aura :

a) un *locativus* là où il s'agit :

1. de la nuance « wo » = « où » (local)

2. de la nuance « wann » = « quand » (temporel)
3. de la nuance « wie » = « comment » (condition).

b) un *ablativus* là où il s'agit :

1. de la nuance « woher » = « d'où » (local)
2. de la nuance « seit wann » = « à partir de quand » (temporel)
3. de la nuance « warum » = « à cause de quoi » (condition).

c) un *instrumentalis-sociativus* là où il s'agit de la nuance « avec », également au point de vue local, temporel ou conditionnel. Wundt formule ainsi ce dernier sens : « mit welchem Hilfsmittel », ce qui nous semble trop restreint : la nuance est plutôt : « accompagné de quelles circonstances », dont le « moyen » n'est qu'une nuance plus spéciale.

d) Pour le *directivus* nous retrouvons les trois nuances : sens local, temporel, conditionnel. Je voudrais d'abord faire remarquer que le « wohin » ne comprend pas seulement l'idée de direction : il faut ajouter l'idée d'un but impliqué dans le sens de direction : le simple « vers » ne représente pas un *directivus* : il faut l'idée d'un point à atteindre, de quelque chose qu'on considère comme le point final du mouvement.

Parmi les nuances du directivus conditionnel se trouvent ce qu'on a l'habitude d'appeler des « datifs », par exemple le « datif final » et le « dativus commodi ». Je crois qu'il importe beaucoup de réserver le nom de « datif » à certaines nuances de l'*accusativus* : ici nous parlerons toujours de « directif », en distinguant alors un « directif final », un « directif d'intérêt » (au lieu de « dativus-commodi ») et un « supin directif [1] ». Le fait

----

1. « Supin » aura ainsi un sens *syntaxique*. En effet, pourquci restreindre ce nom exclusivement à une *forme* ?

qu'on réunit, sous le nom de « datif », des rapports casuels qui n'ont *rien* à faire les uns avec les autres au point de vue syntaxique, est aussi illogique que peu pratique. En latin on réunit sous le nom de « datif » des formes morphologiques identiques, ce qui n'est pas illogique tant qu'on reste sur le terrain de la morphologie. Mais dès qu'on fait de la syntaxe, il faut distinguer les choses au point de vue syntaxique et ne pas continuer un système de noms basé sur des rapports morphologiques. Il faut rompre ici avec une tradition longue mais qui fausse la perspective réelle : dans la syntaxe il faut appeler *videre Romam* un « accusativus », *ire Romam* un « directivus » et non un « accusativus », *adire Romam* un « accusativus », *it clamor caelo* un « directivus ».

e) Passons maintenant à notre cinquième « cas », *l'accusativus.*

Notre point de départ sera ici cette phrase de M. Vendryes : « En tenant compte de (ces) différences qui tiennent seulement à la façon dont est constituée l'image verbale, il y a lieu de poser pour toutes les langues (dont nous venons de parler) une catégorie générale unique, qui est la *catégorie de la dépendance.* Elle englobe aussi bien le génitif latin ou grec que l'ordre des mots du chinois et du gallois ou l'emploi de la préposition *de* en français [1]. » Poussons cette idée jusqu'à ses dernières conséquences, c'est-à-dire appliquons-la.

Cette « catégorie de la dépendance » ne comprend pas seulement les types morphologiques que M. Vendryes énumère ; il faut englober dans cette catégorie *toute dépendance directe et pure qui ne contient aucune nuance de direction, de point de départ, d'accompagnement ou de localisation.* Ainsi cette catégorie de la dépendance comprend aussi bien un rapport comme on

---

1. VENDRYES, *Le Langage*, p. 132.

le trouve dans *Je vois le roi* que celui qu'on trouve dans *utile à, prompt à, renoncer à, penser à, content de, s'approcher de,* où la dépendance est également directe et intérieure. Elle comprend donc tous les « génitifs » et tous les « datifs de relation ». Et ces constructions spéciales du chinois et du gallois citées par M. Vendryes, où la dépendance est marquée par le seul ordre des mots. Elle comprend le génitif en *s* de l'allemand, de l'anglais et du hollandais, la construction avec *of* de l'anglais, avec *van* du hollandais, le « datif possessif » du français moderne, l'ancien français *l'épée le roi,* en un mot : elle comprend tout ce qui représente une dépendance directe, intérieure, pure. Ainsi constitué, nous appellerons ce rapport syntaxique casuel : l'*accusativus,* qu'il faut donc placer à côté des quatre autres cas « primaires » [1], et qui comprend alors, comme aspects morphologiques, un grand nombre de *formes,* parmi lesquelles le *génitif* et le *datif.*

Ces deux derniers cas, Wundt les met sur le même plan que le locatif, l'ablatif, etc. Pour nous, ce sont des *nuances* de l'accusatif syntaxique. Quelle est alors la nuance qu'il convient d'appeler le *génitif ?* Tout accusatif syntaxique construit avec *de* libre en français, avec *di* libre en italien ; dès que *de* et *di* sont écrasés, ou « fin de mot », nous avons un accusatif, sans plus [2]. Ainsi : *le chapeau de Pierre, se souvenir de quelque chose, être content de quelqu'un, contento di, la città di Roma, dimenticarsi di* sont des génitifs. Mais il ne faut pas appeler génitif par exemple *refuser de le faire* : c'est un

---

1. Et qu'il ne faut pas confondre avec l'accusatif *morphologique !*

2. Ainsi *à* n'est pas libre dans *Une demande (à) rester ;* ce n'est donc pas un datif. Et *le refus (de) venir* peut également être considéré comme une construction avec *de* écrasé, et pas comme un génitif.

accusatif, avec préposition absolument écrasée : le rapport y est le même que dans *refuser cela* : la préposition, pour ainsi dire, n'appartient pas à la forme casuelle. Voici d'autres exemples du génitif, que nous multiplierons et discuterons dans nos descriptions de *de* et de *di* : *la ville de Rome, fier de, se moquer de, augmenter de, être âgé de cinq ans, ce sac est rempli de pommes, tenero di cuore, più grande di, più di settanta, compelere di magnificenza*, etc., etc. Il faut, *à l'intérieur de cette grande « catégorie de la dépendance »* dont parle M. Vendryes, et qui correspond à notre accusatif syntaxique et à notre « régime direct intérieur », des critères *identiques* pour le « génitif » et pour le « datif ». Et alors il faut donner les noms de « génitif » et de « datif » exclusivement à deux nuances spéciales *morphologiques* du « cas de la dépendance directe et pure », de la « catégorie de la dépendance », de l' « accusatif syntaxique », à savoir : l'un représente ce rapport casuel avec *de* ou *di* libres, l'autre ce même rapport casuel avec *à* ou *a* libres [1]. Le génitif et le datif seront ainsi définis d'après le même principe, se trouvant ainsi sur le même plan. Et nous le répétons : il faut renoncer à appeler « datif » des nuances du directif, pour des raisons théoriques aussi bien que pour des raisons pratiques [2]. Nous aurons alors des datifs dans : *penser à, parler à, fidèle à, prompt à, conformément à,*

---

1. Le *a* de l'accusatif espagnol n'est pas libre, mais *écrasé*. Ce n'est donc pas un datif.

2. Ainsi, la phrase : « Il fait cela pour moi » se rend en latin par un *datif morphologique*. Or, il s'agit bien ici d'un *directif*, à savoir de la nuance « wozu », la nuance *finale*. On comprend très bien qu'une langue se serve ici du datif morphologique : le latin peut même se servir d'un datif morphologique après un verbe de direction : « It clamor caelo ». Mais syntaxiquement il s'agit ici indubitablement d'un *directif*, qui est régime indirect dans « Il fait cela pour moi », régime direct extérieur dans « It clamor caelo ». Ces datifs morpho-

le chapeau à Jean, donner à, insegnare a, ostile a, pensare a, etc.

Le génitif et le datif ainsi définis comme des nuances morphologiques *de l'accusatif syntaxique* [1], ne faut-il pas élargir un peu ces définitions, et appeler encore *génitif :* tout rapport adnominal non-prépositionnel où l'on pourrait normalement se servir de *de* ou *di* libres, puis certaines formes pronominales qui, pour ainsi dire, « contiennent » un *de ?* Seraient alors des génitifs : la construction du vieux français : *l'épée le roi ; le roi gonfanonier* [2], et des pronoms comme *dont, duquel,* lorsqu'ils représentent un « accusatif syntaxique », et pas par exemple un ablatif. De même, ne faut-il pas appeler *datif* des constructions non-prépositionnelles où l'on pourrait normalement se servir de *à* ou *a* libres, telles que : « Li noms Joyuse fu l'espee doné », ou : « Sagrament que son fradre Carlo jurat », puis certaines formes pronominales qui, pour ainsi dire, « contiennent » un *à* ou *a,* comme *lui, me, vous, y, li, lei,* etc., (dont plusieurs peuvent représenter d'autres cas syntaxiques, comme par exemple *y* locatif) ? Nous le croyons, excepté dans un seul cas.

En effet, qu'est-ce qui permet, au fond, de parler d'un génitif plutôt que d'un datif dans un « accusatif syntaxique » du type *l'épée le roi,* puisque le génitif et le datif peuvent être adnominaux l'un aussi bien que

---

logiques sont donc *dans la syntaxe* des *directifs,* et là il faut les appeler ainsi, et non pas des datifs : il ne faut pas que la tyrannie de la morphologie latine aille jusque là !

1. Il y a des datifs *morphologiques* en latin qui ne sont pas des datifs *dans la syntaxe,* puisqu'elles représentent un autre rapport casuel que l'accusatif syntaxique ; voir la note précédente.

2. De même par exemple en hollandais : *vol appels =* « plein de pommes » *een mand kersen =* « une corbeille de cerises », *een pond peren =* « une livre de poires », etc.

l'autre, et puisque la logique ne peut pas, évidemment, déterminer un choix ici. Il faut se contenter de parler ici d'un « accusatif syntaxique » adnominal. Lier, comme nous l'avons fait, les noms de génitif et de datif à des signes spéciaux à l'intérieur de la « catégorie de la dépendance », c'est-à-dire de l' « accusatif syntaxique », et appeler pourtant *l'épée le roi* un exemple d'un génitif, ce serait réunir sous un même nom des éléments hétérogènes. Le rapport *casuel* est le même dans *l'épée le roi* ou *l'épée du roi* ou *l'épée au roi*. Mais la seconde construction seule permet de parler d'un génitif. On comprend très bien que la « valeur » de ces expressions a invité le français à réintégrer partout ici les signes du génitif ou du datif, qui y étaient, pour ainsi dire, « potentiels » au moyen âge. Mais tant que ces signes manquent, qu'est-ce qui permet de parler ici d'un « datif » ou d'un « génitif »? Et ainsi, nous appellerons un « accusatif (syntaxique) adnominal » des constructions comme : « *le roi gonfanonier* », ou « *l'épée le roi* ». Par contre, rien ne s'oppose à ce qu'on appelle « datif » des constructions comme : « Li noms Joyuse fu l'espee doné », ou : « Sagrament que son fradre Carlo jurat », qui excluent toute idée de génitif. Là, il y a un *à* libre « potentiel ».

Reste le *nominativus*.

Les langues à flexion, comme le latin, se servent du nominativus *morphologique* pour deux rapports casuels absolument différents, au point de vue syntaxique. D'un côté, elles s'en servent pour le *cas du sujet*. Ce nominativus syntaxique se trouve sur le même « plan » que le locativus, ablativus, accusativus, etc. C'est un cas « primaire », un cas « de premier plan ». De l'autre côté, ces langues se servent de ce même nominativus morphologique *pour une nuance de l'accusativus syntaxique*. En effet, il y a des constructions dans lesquelles un accusa-

tivus syntaxique contient une idée qui est identique à
l'idée représentée par le sujet, à savoir : d'abord la construction, qu'on appelle le « sujet logique » (*Il est difficile de se taire*), puis celle qu'on appelle le « double
nominatif », ou « nominatif prédicatif » (*Creatus est
consul*), enfin le prédicat après *être* (*Il est soldat*). On
comprend très bien que pour les *régimes* de ce genre on
se serve du nominativus morphologique, c'est-à-dire de
la forme morphologique qui marque le sujet, puisqu'il y
a identité avec le sujet. Mais ces régimes ne se distinguent pourtant, syntaxiquement, en rien de l'accusativus : ce qui seul compte, c'est le rapport dans lequel ils
se trouvent avec le terme régissant, et non pas avec le
sujet. Ce sont donc des *accusatifs* dans la syntaxe. Cette
conception n'a rien de révolutionnaire : plus d'un iin-
guiste a déjà fait remarquer le caractère de « complément » par exemple du sujet logique.

M. Vendryes dit quelque part : « Il serait absurde
de parler d'un génitif en gallois ou en chinois, *aussi
bien qu'en français* ». Nous nous permettons de croire
qu'il est permis de parler d'un génitif en français,
pourvu qu'on le définisse comme nous l'avons fait, c'est-
à-dire sans sortir de la morphologie *à l'intérieur de
l'* « *accusatif syntaxique* ». M. Vendryes parle encore
d'un génitif en allemand, ce qui prouve que pour lui le
nom de « génitif » est lié à un *suffixe*. Nous nous
demandons pourquoi on ne donnerait pas tout aussi bien
ce nom à une construction prépositionnelle, comme *de*
en français, *di* en italien, *van* en hollandais, *of* en
anglais. En tout cas, il nous semble que le critère de
M. Vendryes est aussi arbitraire, ou aussi peu arbitraire, que le nôtre. Aussi logique ou aussi illogique.
L'essentiel est, nous le répétons, de rester dans la morphologie *à l'intérieur de la* « *catégorie de la dépendance* »
de M. Vendryes, c'est-à-dire de notre « *accusatif syn-*

taxique ». Et c'est bien ce que nous avons fait, pour le génitif comme pour le datif, qui se trouvent ainsi définis par des critères identiques.

Voilà donc comment nous concevons le « système casuel » syntaxique du français ; je crois que c'est la première tentative de le découvrir sous la masse des *formes*. Pour les linguistes pour qui, dans les langues, les fonctions disparaissent avec les formes, tout ce chapitre sera, en bonne partie, chimérique : pour eux, des rapports syntaxiques qui ne trouvent pas dans une langue d'expression spéciale, n'existent pas. Pour nous, ils peuvent continuer à exister, mais on peut ne plus tenir à conserver pour eux des formes spéciales. Il est parfaitement vrai qu'il y a des catégories linguistiques qui disparaissent avec les formes : la catégorie du genre en est une. Mais celle-là est *purement morphologique*[1]. Et voici, à ce propos, un passage intéressant de M. Delacroix, dans son livre *Le Langage et la Pensée* : « S'il est en effet prudent de ne parler de catégories grammaticales qu'en présence des formes qui les définissent et les constituent, il est permis de faire remarquer une fois de plus la discordance si capitale dans tout le domaine du langage, de la fonction et de la forme. La fonction peut préexister à la forme comme la forme survivre à la fonction. La création même de catégories grammaticales nouvelles n'implique-t-elle pas une fonction encore sans forme, et qui cherche une forme, une intention sans expression ? » Et voilà pourquoi l'instrumentalis-sociativus n'a pas besoin d'être *exprimé* par *cum* pour exister : il n'est pas plus un mirage en latin qu'en français. Le « locativus » n'est presque mort en

---

1. C'est ainsi que le *génitif* et le *datif*, tels que nous les concevons, peuvent disparaître d'une langue ou n'y pas exister encore.

latin que *morphologiquement* ; il *existe* encore en français aussi bien qu'en italien, et on peut l'y retrouver, pourvu qu'on ne fasse pas exclusivement des analyses morphologiques quand il s'agit de rapports *syntaxiques*: « in Roma » représente, dans la *syntaxe*, un locatif, et nullement un ablatif !

Nous avons donc esquissé, d'une façon très générale, et sans nous arrêter ici aux inévitables cas de transition, le système casuel syntaxique du français et de l'italien. Mais nous n'avons pas encore dit ce que nous entendons par un système casuel. Nous avons préféré, pour plus de clarté, donner cette définition après l'élaboration du système lui-même.

Le *système casuel* d'une langue permet de marquer les rapports casuels au moyen de signes casuels, c. q. par le manque de signes.

Les *rapports casuels* d'une langue indo-européenne nous sont donnés par la linguistique comparative : ce sont le locativus, l'instrumentalis, l'ablativus, le directivus, l'accusativus, le nominativus (syntaxiques, bien entendu). Un *morphème casuel* est un signe qui marque un rapport casuel *sans rien y ajouter de non purement casuel*, c'est-à-dire sans contenir aucune détermination spéciale lexicologique ou autre. Ainsi, par exemple, *de, di, avec, da, par, pour, ad, cum, de,* lorsqu'ils marquent un cas, ne font que signifier ce cas ou une nuance pure de ce cas. Tandis que, par exemple, *au moyen de, à partir de, vers, sine,* ajoutent quelque chose au rapport casuel qu'ils renferment, ou le précisent lexicologiquement. Par là, ce ne sont pas de véritables morphèmes casuels ; leur fonction est autre ; ils doivent, pour ainsi dire, leur naissance à un besoin de *ne pas* se servir du système casuel : en un mot, ils n'appartiennent pas au *système* casuel de la langue, tandis que, par exemple, *cum* dans *cum securi ferire* ne fait que *souligner* le rapport casuel, sans marquer une nuance spéciale non-casuelle, et appartient donc au *système*. Et ainsi il y a des prépositions qui font partie du système casuel de la langue, et d'autres prépositions qui n'en font pas partie, même si elles renferment une localisation, point de départ, direction ou nuance d' « accompagnement ». Tout comme en latin. Nous allons consacrer à cette perspective dans la syntaxe de la préposition un chapitre spécial. Mais nous pouvons préciser ici dès maintenant notre définition de ce que nous considérons comme le système casuel syntaxique d'une langue : l'ensemble des moyens dont dispose une langue pour marquer les rapports casuels au moyen de signes qui, lorsqu'ils marquent un de ces rapports, *n'y ajoutent absolument rien de non-casuel.*

Qu'on nous permette encore, pour finir ce chapitre, une petite digression sur le terrain de la syntaxe latine, à laquelle les principes établis ici s'appliquent aussi bien qu'à des langues modernes.

Dans beaucoup de manuels de syntaxe latine, tous les accusatifs non-précédés d'une préposition sont traités comme un seul « cas ». On distingue alors différentes nuances : l' « accusatif de direction » (*Romam ire*), l' « accusatif de l'objet » (*domum vendere*), l' « accusatif de durée » (*decem annos urbs pugnata est*), d'autres nuances encore quelquefois, comme l' « accusativus exclamationis » (*Heu, me miserum*). Ce système est logique, tant qu'on se rend compte du fait qu'on parle alors d'un cas *morphologique*, et pourvu qu'on oppose alors à ce cas morphologique exclusivement le génitif, le datif et l'ablatif *morphologiques* et quelques « locatifs » figés, mais pas par exemple l'instrumentalis, qui n'a plus de forme morphologique spéciale en latin et qui, dans ce système, n'est donc qu'une nuance de l'ablatif morphologique.

Il y a également des manuels de syntaxe latine, plus « modernes », qui opposent l'accusatif au locatif, à l'ablatif, à l'instrumental, au génitif, au datif. Cela encore peut être logique, à condition que :

1° On se rende compte que la base n'est plus ici une base morphologique, mais une base *syntaxique*, et qu'on ne parle plus alors de l'accusatif morphologique, mais de l'accusatif *syntaxique*, puisqu'on l'oppose à d'autres cas syntaxiques ;

2° On sépare nettement l' « accusatif de l'objet », qui est réellement un *accusatif* syntaxique, de l' « accusatif de dirèction », qui est un *directivus* [1], c'est-à-dire tout autre chose que l' « accusatif », et qui réclame une place *à côté de* l'accusatif, du locatif, de l'instrumental, etc. Il y a autant de différence syntaxique entre l'accusatif syntaxique et le directif syntaxique qu'entre, par exemple, l'ablatif syntaxique et l'instrumental syntaxique. *Qui sépare les uns doit séparer aussi les autres.* Le grammairien qui introduit, avec raison, dans son manuel de syntaxe un instrumentalis doit y introduire aussi, *et sur le même plan*, un directivus, nettement séparé des autres « cas » ;

3° Il faut se rendre compte du fait qu'il est *impossible*, même par les plus beaux raisonnements « logiques » ou « historiques », de rattacher syntaxiquement l' « accusatif de durée », soit à l' « accusatif de l'objet », soit au directif : le lien entre ces trois nuances est *purement morphologique*. L'accusatif de durée n'est pas un

---

1. Peu importe le *nom* qu'on donne à ce rapport casuel, pourvu qu'on le reconnaisse comme un rapport casuel spécial. Il faut, en tout cas, éviter de l'appeler, dans la *syntaxe*, un « accusatif ».

cas syntaxique, comme les deux autres, puisqu'il marque la « durée ».

Soient les exemples suivants: *tria milia passuum progressi sunt; jouer trois heures; regnum obtinere multos annos; marcher trois heures; marcher trois kilomètres; attendre vingt jours; régner quarante ans; decem annos urbs pugnata est.* Comment expliquer ces accusatifs morphologiques? C'est l'accusatif après *per:* ces constructions représentent des non-emplois de *per* ou de *pendant.* Et pourquoi y a-t-il un accusatif après *per* (qui reste lorsqu'on ne se sert pas de *per*, le contexte étant suffisamment clair pour se passer du mot de durée[1])? *Un mot latin ne peut pas ne pas se décliner.* Dès lors, pour avoir, après une préposition, un autre cas que l'accusatif, il faut une raison spéciale, qui manque ici. De là l'emploi de l'accusatif morphologique pour le régime de presque toutes les prépositions, y compris *per.* De là des accusatifs morphologiques qui n'ont rien à faire avec l'accusatif syntaxique, pas plus qu'avec le directif sous forme d'accusatif morphologique. Au point de vue syntaxique, *regnum obtinere multos annos* n'a *rien* à faire ni avec *Romam ire,* ni avec *domum vendere:* ces trois constructions n'ont de commun que la forme et ne se groupent ensemble que dans la morphologie. L' « accusatif de durée » ne représente même pas un rapport casuel, comme nous l'avons déjà fait remarquer: même l'absence de *per* ne change rien à ce fait.

Tirons maintenant notre conclusion.

Le système qui oppose, dans la syntaxe, l'accusatif morphologique à d'autres rapports casuels syntaxiques,

---

1. Ce non-emploi de la préposition ici se retrouve dans bien d'autres langues. C'est un phénomène syntaxique international, comme tant d'autres.

tels que l'instrumental et l'ablatif, et qui divise alors cet accusatif en « accusatif de l'objet », « accusatif de direction », « accusatif de durée », est illogique et hybride. L' « accusatif de l'objet » est un accusatif, l' « accusatif de direction » est un directif, l' « accusatif de durée » n'est ni l'un, ni l'autre : ce n'est même pas un cas syntaxique. Ces trois nuances d'une même *forme* n'ont de commun que cette *forme*, rien de plus. Et, pour illustrer cela encore par un exemple emprunté à la syntaxe française : dans *acheter quelque chose cinq sous* et *coûter cinq sous,* la forme est la même. Mais dans le premier exemple *cinq sous* représente un « instrumental », dans le second exemple un « accusatif ». Heureusement que la morphologie ne vient pas troubler ici la vue au même point qu'elle le fait si souvent dans la syntaxe du latin !

VII

Division des prépositions d'après leur « nature » [1]

Nous allons tâcher de démontrer, dans ce chapitre, que les prépositions peuvent se diviser, d'après leur « nature », en trois groupes :

a) Les prépositions « casuelles » :
>français : *de, à*
>italien : *di, a, da.*
>[Le latin a ici des suffixes.]

b) Les prépositions « semi-casuelles » :
>français : *avec, en, par, pour*
>italien : *con, in, per*
>[latin : *de, ad, ab, in, cum, pro, ex*].

c) Les prépositions « non-casuelles » :
>français :
>italien : } toutes les autres prépositions.
>latin :

Justifions maintenant cette tripartition.

En examinant l'ensemble des constructions où le français et l'italien modernes se servent de *de, di, à, a, da,* on constate que ces prépositions correspondent

---

1. La division des prépositions en « prépositions simples » et « prépositions composées » ne regarde la syntaxe qu'indirectement, de même que la division des prépositions italiennes en « preposizioni articolate » et « preposizioni non-articolate ».

toujours à des *désinences,* à sens très général, dans les langues à désinences comme le latin. Toutes peuvent, en outre, marquer plusieurs rapports casuels ; toutes peuvent même marquer l'accusatif syntaxique. Par tout cela, elles se distinguent de toutes les autres prépositions. Elles fonctionnent comme les cas morphologiques du latin, y compris les « cas » du verbe, comme le supin et le gerundium. Nous les appellerons les *prépositions casuelles.*

En face des prépositions casuelles nous plaçons les *prépositions non casuelles : sans, autour de, au moyen de, derrière, au milieu de, malgré, senza, intorno a, dietro, post, sine, infra, inter,* etc., etc. Même lorsqu'elles impliquent un rapport casuel, comme *post* (locatif), *sine* (instrumental), *à partir de* (ablatif), *vers* (directif), elles ne servent nullement à marquer exclusivement ce cas, ni même à le « concrétiser » (comme le fait *cum* dans *cum securi ferire*) : elles sont non-casuelles. Elles ont toujours un sens plus large, et toujours très précis. Elles sont en dehors du système casuel, pour les raisons que nous avons développées au chapitre précédent.

Reste le troisième groupe, les *prépositions semi-casuelles.* En dehors des désinences, le latin avait des prépositions dont la fonction — une seule, *cum,* n'avait même pas d'autre fonction — pouvait être de « concrétiser » un « cas », sans le préciser, c'est-à-dire sans rien y ajouter de non-casuel. Ainsi *multis cum lacrimis* n'ajoute rien à la nuance instrumentale qu'on trouve dans *multis lacrimis.* De même, *in Roma* peut être absolument synonyme de *Romae,* sans aucune nuance d' « intériorité ». *Pro patria mori* finit par n'ajouter rien de spécial à *patriae mori. Ad* ne peut représenter que le directif pur, à côté de son sens de « jusque tout près de ». De cette façon, les prépositions *cum, pro, de, ab, in, ad* et *ex* s'opposent d'un côté aux désinences, de l'autre côté à toutes les autres prépositions latines [1].

En français et en italien, il y a également des prépositions qui ont ce même caractère de *pouvoir* « concrétiser » un cas, sans rien y ajouter de non-casuel. Prenons d'abord *avec* et *con*. Pouvant « concrétiser » un cas, l'instrumental, ils sont « casuels » [2]. Mais ils ne sont nullement comparables à des désinences, ce qui les distingue des prépositions casuelles : ils ont la position de *cum* en latin. Ce qui les distingue encore des prépositions-casuelles, c'est le fait qu'ils n'expriment jamais que l'instrumental, donc un seul cas. Se trouvant ainsi entre les deux groupes, nous les appellerons des prépositions semi-casuelles, comme *cum,* leur ancêtre syntaxique. *Par, pour, per, en* et *in* peuvent exprimer autre chose qu'un rapport casuel, par exemple « au lieu de », « à travers », « à l'intérieur de », ce qui les distingue des prépositions casuelles. Lorsqu'ils marquent un rapport casuel, ils ne sont pas non plus comparables à de simples désinences : ils sont d'un emploi restreint et « concrétisent » le rapport casuel ou une nuance pure de ce rapport. Ainsi dans *Il fut jeté par la fenêtre par la populace,* le second *par* n'ajoute rien de non-casuel à la nuance de l'ablatif qu'il représente, et est comparable à *ab* latin, plutôt qu'à l'ablatif désinentiel. D'autre part, ce ne sont pas du tout des prépositions non-casuelles, puisqu'ils *peuvent* marquer un rapport casuel pur. Pour tout cela, il faut les grouper avec *cum, ab, in,* etc., avec *con* et *avec :* ce sont des prépositions semi-casuelles. Et

---

1. Plus tard, *per* s'ajoutera à la série, mouvement qui commence déjà à se dessiner, semble-t-il, à l'époque classique ; voir notre description de *par*.

2. L'instrumental non concrétisé se construit avec *de, à, di, a, da.*

voilà ce troisième groupe ainsi entièrement constitué [1].

Il n'y a que les prépositions non-casuelles qui restent en dehors du système casuel. Les prépositions casuelles en font intégralement partie. Les prépositions semi-casuelles y entrent lorsqu'elles représentent un cas, sans rien y ajouter de non-casuel. Il serait intéressant d'introduire la même perspective dans la grammaire du latin.

Trois remarques encore avant de terminer ce chapitre.

Nous *comprenons* maintenant pourquoi certains manuels de français séparent *à* et *de* de toutes les autres prépositions, par exemple la *Französische Syntax* de Haas (§ 357), et pourquoi par exemple la *Grammatica Italiana* de Goidanich (§ 67), n'appelle « preposizioni » que les seuls *di, a, da, in, con, per, fra* et *tra*. Dans ce dernier cas, l'auteur s'est pourtant placé à un autre point de vue, comme le prouve la présence de *fra* et *tra* dans cette série. Je crois que notre système précise les distinctions à faire ici et les explique.

L'étude *historique* syntaxique des prépositions a également besoin de perspectives comme celle que nous venons d'établir : l'historien doit démontrer si, et comment, une préposition, de préposition non-casuelle est devenue préposition semi-casuelle — par exemple *per* — pour finir peut-être par devenir préposition casuelle, par exemple *de*. Il constatera que telle préposition commence à glisser d'un groupe à un autre, où en est ce mouvement à un moment donné, par quelles étapes la préposition a passé, et quelles peuvent être les causes du mouvement : il expliquera par exemple l'influence qu'a eu la naissance de *dans* sur l'évolution de *en*.

---

1. Aussi ne trouve-t-on que ces prépositions-là dans le chapitre sur les « cas » dans les manuels de syntaxe latine. Comme on le voit, notre perspective n'a rien d'arbitraire !

Il reste un dernier point : la description synchronique aussi doit tenir compte du fait que les prépositions évoluent, et marquer les cas de transition qui en sont le résultat inévitable. Ainsi *en* est bien près d'être préposition casuelle. *Da* se rapproche des prépositions semi-casuelles du type *cum, avec, con,* qui ne marquent que les nuances d'un seul cas ; pourtant, tant que *da* peut encore marquer plusieurs rapports casuels différents, il reste préposition casuelle. Nous aurons à préciser tout cela dans nos descriptions des différentes prépositions : dans cette *Première Partie* nous ne donnons que les principes qui nous ont guidé dans ces descriptions.

VIII

La question du régime

A) Régime direct et régime indirect

Dans une construction comme *Il écrit bien,* on a sans
doute le droit de considérer le verbe *écrire* comme
« régissant » l'adverbe *bien.* De même, dans *Il est très
grand,* l'adjectif régit l'adverbe. Dans ces deux exemples, les adverbes *bien* et *très* sont donc les « régimes »
de *écrire* et de *grand* : ils définissent, pour ainsi dire, le
terme régissant, ils le déterminent, ils le complètent, et
par là ils lui sont logiquement subordonnés. De même,
l'adjectif sera le régime du substantif qu'il détermine.
En un mot : attribut, prédicat, circonstanciel sont
autant de régimes syntaxiques. Dès lors, *Je reviens de
Paris* se compose d'un verbe et de son régime (*de
Paris*), tout comme il y a verbe + régime dans *Je me
repens de cela,* ou *Je veux qu'il vienne,* ou *Je pars,
parce qu'il pleut,* et même dans: *Qu'avez-vous donc,
que vous pleurez ?*[1] Tout le monde est d'accord pour
appeler le « datif » un régime. Mais l'instrumental
et le locatif sont aussi des régimes; il s'agit seulement
de savoir de quelle partie de la phrase ils sont le régime.
Ainsi, dans *Avez-vous jamais vu ma maison à Paris?* le
locatif *à Paris* peut être le régime du verbe, mais il peut

---

1. Dans ce dernier exemple, la phrase subordonnée n'est
pas régime d'un verbe, mais de toute la phrase principale.

aussi être le régime de *maison* : cela dépend du sens de
la phrase. Et comprendre ces sortes de phrases, c'est
justement bien se rendre compte de ces rapports-là!
Sinon, on ne se comprend pas. Quant à des constructions comme : *le chapeau de Jean,* « on sait que ce qui
distingue syntaxiquement le nom du verbe, c'est que
celui-ci admet un *régime* à l'accusatif, et celui-là au
génitif [1] ». Quand ce substantif est un « nom d'action »,
il y a même des langues où le régime de ce substantif
pouvait se mettre à l'accusatif : « Le latin ancien a conservé un souvenir de cet usage, puisqu'on rencontre
chez Plaute des phrases comme : « quid tibi nos tac-
tio'st ? » ou : « quid tibi hanc rem curatio »? [2] On a également des régimes dans : *plein de zèle, remplir de pommes de terre, fidèle à ses principes, trop honnête pour
pouvoir intriguer, difficile à comprendre,* etc., etc.
En d'autres termes : tout ce que la grammaire purement
logique et « raisonnée » appelle « régime » ou « circonstanciel » ou « attribut », ou « sujet logique », ou « prédicat », sont autant de régimes au point de vue syntaxique, c'est-à-dire au point de vue de la construction.
Serrons maintenant d'un peu plus près cette question
du « régime », si importante pour notre sujet.

Dernièrement, M. Vendryes a posé la question du
régime dans les termes suivants : «.... on pourrait considérer « Je pars à Paris » comme un verbe transitif,
puisqu'il s'agit d'un régime qui marque le terme de
l'action, et que le dit régime s'exprime dans bien des
langues (en latin, en irlandais, en grec, en sanscrit
etc.) par l'accusatif : latin *peto urbem.* Mais faudrait-il

---

1. VENDRYES, *Le Langage,* p. 150. — Entre parenthèses : le
verbe aussi peut avoir son régime au génitif : « Memini
alicuius » ; « Je me souviens *de quelqu'un* ».
2. VENDRYES, *op. cit.,* p. 150.

traiter comme intransitif le verbe *partir* dans : « Je pars dimanche », où, au lieu d'un complément de lieu, nous avons un complément de temps ? *La question demanderait à être discutée.* Et comment distinguer les deux phrases : « J'attends Pierre » et : « J'attends à demain » ? Comment aussi marquer la différence de « tournez la meule » et de « tournez à droite » ? Si on range les deux verbes parmi les transitifs (et comment ne pas le faire, si de « tournez à droite « on rapproche « tournez le coin » ?), on peut dire que le même mot servira à désigner deux emplois très différents ; car dans « tournez la meule » le verbe est factitif (« faites que la meule tourne »), et dans « tournez à droite », il est réfléchi, en ce sens que le sujet y est aussi le terme de l'action (« tournez-vous à droite »). De même en latin dans *saepe stylum vertas* (= « tourne souvent ton style »), et *verte hac* (= « tourne par ici). »

Tâchons de résoudre le problème posé ici.

Il s'agit de savoir en quoi *Je pars à Paris* est, d'un côté, identique à *Peto urbem,* et ce que la construction a, de l'autre côté, de commun avec *Je pars dimanche.* Une fois cette dernière base trouvée, il faut se demander où réside alors la différence syntaxique essentielle entre *Je pars à Paris* et *Je pars dimanche.*

Lorsqu'on compare la phrase *Je dîne à Paris* avec la phrase *Je vais à Paris,* on n'aura pas de peine à se rendre compte du fait que le lien entre la préposition *à* et le substantif *Paris* est aussi intime dans la première que dans la seconde phrase : une préposition est toujours intimement liée au mot qu'elle « régit ». Et voici maintenant la différence entre les deux phrases : le lien entre la préposition *et le verbe* est beaucoup moins intime dans *Je dîne à Paris* que dans *Je vais à Paris.* Si la « distance », pour ainsi dire, entre *Je vais* et *à Paris* était aussi grande qu'entre *Je dîne* et *à Paris,* la phrase *Je*

vais à Paris ne signifierait pas : « Je me rends à Paris »,
mais : « Je vais, et cette action d'aller a lieu à Paris ».
A quoi tient cette différence ? A ceci que : dans *Je vais
à Paris*, le verbe « appelle », pour ainsi dire, la préposi-
sition — par sa valeur stylistique de verbe de direction
— ce qui n'est pas du tout le cas dans *Je dîne à Paris*,
pas plus que dans *Je vais, à Paris*. De même — pour
prendre un des exemples de M. Vendryes — dans
tourner à droite, le lien est intime entre *tourner* et *à
droite* : on « tourne-à-droite », et le hollandais a même
un verbe spécial ici : « rechtsafslaan ». L'idée « tourner »
a ici une valeur qui « appelle », qui « implique » une
détermination, un régime de direction, un directivus.
Mais on peut aussi *tourner à droite*, c'est-à-dire tourner
en se trouvant à droite (de quelqu'un ou de quelque
chose). Alors nous avons le cas de *Je dîne à Paris :* la
distance entre verbe et préposition est plus grande
qu'entre préposition et substantif, plus grande aussi
qu'entre verbe et préposition dans *Je tourne-à-droite*, ou
Je vais-à Paris.

De sorte que, si nous opposons maintenant :

    a) Je dîne à Paris ; Je tourne, à droite ;

        à

    b) Je vais à Paris ; Je tourne-à-droite ;

nous avons dans les phrases citées sous *a)*, la construction que M. Van Ginneken formule ainsi : « Une préposition peut être une particule, exprimant le sentiment
de connection, de relation que nous éprouvons, en même
temps que *la seule adhésion à laquelle elle appartient* [1]. »
Ce qui veut dire : la préposition est ici outil de ligature
entre deux idées (« dîner » et « Paris » ; « tourner » et
« droite »), mais n'est intimement liée, dans chaque

---

1. Van Ginneken, *Principes de Linguistique psychologique*,
§ 748.

phrase, qu'à la seconde idée (« Paris », « droite »). Le lien entre la préposition et le *verbe* dans les deux phrases est sensiblement moins intime.

Dans les deux autres phrases, citées sous *b*), nous avons, par contre, la construction que le même linguiste définit ainsi : « Une préposition peut être préposition ; elle exprime alors le sentiment de relation [sa fonction d'outil de ligature] de deux mots [« aller » et « Paris »; « tourner » et « droite »] réunis en unité secondaire, *en même temps que* l'adhésion *simultanée* de toutes les deux [1] ». En d'autres termes : la préposition est ici aussi intimement liée à l'une qu'à l'autre des deux idées qu'elle relie. Et nous avons vu pourquoi.

Nous avons donc, dans nos quatre phrases, deux constructions différentes; deux bases différentes, dont nous appellerons l'une un rapport de *régime direct* [« Je vais à Paris »], l'autre un rapport de *régime indirect* [« Je dîne à Paris »]. Et, même si l'on préférait d'autres *noms* pour ces deux rapports, on sera sans doute d'accord sur le fait qu'il s'agit ici d'une identité et d'une diffé-rence essentielles, qu'il importe d'introduire dans une description exacte de la syntaxe des prépositions.

Quels sont maintenant les types de construction qui rentrent dans notre définition du régime direct ?

a) Nous avons vu que dans *Je vais à Paris*, le verbe « appelle » le régime (de direction) : c'est là la cause logique qui détermine un rapport de régime direct. M. Vendryes parle, dans un cas comme celui-ci, comme on se le rappelle, d'un « régime qui marque le terme de l'action ». Dans : *In tertium annum profectionem lege confirmant* (César, *Bell. Gall.*, I, 3), le régime *in annum* est « appelé »: c'est donc un régime direct (préposi-tionnel). Deux lignes plus loin, nous avons, avec le

---

1. *Id.*, § 749.

même *in*, un régime indirect : *Casticus cuius pater regnum in Sequanis multos annos obtinuerat.*

b) La préposition sera encore aussi intimement liée avec l'une qu'avec l'autre des deux idées qu'elle relie lorsqu'elle est « écrasée » : *refuser (de) le faire, dites-lui (de) venir, travestirsi (da) contadino,* etc.

c) Il y aura encore régime direct dans les constructions où la préposition fait corps, au point de vue du sens, avec le verbe : notre préposition « fin de mot », par exemple : *compter sur]quelqu'un, contare sopra] qualcuno, prendre quelqu'un pour] un imbécile* [1], etc.

d) Compter sur représente donc une unité *sémantique.* A côté de cela, il y a des constructions où le verbe forme avec la préposition une unité purement *logique,* ce qui crée également un rapport de régime direct.

Ainsi : *voler le long de* est synonyme de : *longer en volant* + acc.

De même : *voler par-dessus = franchir en volant* + acc.

voler à travers = traverser en volant + acc.

voyager dans un pays = parcourir en voyageant + acc.

rôder autour = entourer en rôdant + acc.

Nous avons là des constructions comparables à celles du latin avec préposition-préfixe : *praeterire* + acc.; *circumire* + acc.; *copiae Rhenum transducta*; etc.

En hollandais aussi, on peut construire des composés de ce type, avec accentuation sur la préposition-préfixe : *doorvliegen, langsvliegen, overvliegen.* Ou bien on peut y former des verbes + acc. composés à l'aide du préfixe *be-* par exemple *bereizen.* En un mot : nous avons ici, en français, un lien très intime entre le verbe et la pré-

---

1. Donc : *Il m'a pris pour] un autre* = régime direct.
   Il m'a pris (pour) domestique = régime direct.
   J'ai pris un billet pour vous = régime indirect.

position, aussi intime qu'entre la préposition et son régime : ce sont donc des verbes, avec régime direct. On doit les rapprocher d'autres constructions, où le verbe n'est pas un verbe de mouvement, mais où la base est la même qu'ici, par exemple :

demeurer à + le lieu qu'on habite = *habiter* (holl. *bewonen*) ;

jouer de[1] + l'instrument = holl. *bespelen;*

marcher sur l'herbe = piétiner en marchant;

dormir dans un lit = occuper en dormant (holl. *beslapen*).

Par contre, lorsque le verbe est séparé, mentalement, du régime par l'idée de : « en se trouvant », nous avons affaire à de simples localisations. Ainsi on peut *dormir (en se trouvant) dans un lit.* Il n'y a alors aucune intimité logique entre le verbe et la préposition ; il n'y a donc pas ici un régime direct. Et toute construction latine ou hollandaise avec préfixe est impossible ici. Dans *se promener à Paris,* dans *nager dans l'eau,* on ne sentira jamais un rapport de régime direct.

Il est évident que l'analyse des constructions de ce genre sera très délicate en français, langue qui ne connaît ni des combinaisons comme *circumire,* ni des composés avec *be-.* Il sera souvent impossible de savoir si celui qui parle ou écrit conçoit le rapport entre le verbe et le substantif comme un régime direct ou comme un circonstanciel-régime indirect. Mais la différence signalée ici est *réelle* dès qu'elle devient *sensible.* Nous sommes ici sur la limite du régime direct et du régime indirect. Mais il faut bien se rendre compte de ceci : pour comprendre *exactement* le sens des paroles prononcées, il

---

1. Egalement : *jouer aux cartes.* Tandis que, par exemple, *jouer sur les mots* représente une unité sémantique, avec préposition « fin de mot ». *Jouer sur les mots* appartient à la syntaxe figée, *jouer de* est une construction mobile.

faut choisir entre l'une ou l'autre de ces conceptions, puisque celui qui parle a choisi lui aussi, nécessairement. Au point de vue *pratique*, cette nécessité de se comprendre si exactement n'existe, pour ainsi dire, pas. Mais au point de vue *linguistique*, la différence en question *existe*, malgré le fait que la langue française ignore les constructions morphologiques qui permettent à d'autres langues de l'*exprimer* expressément.

Voici encore quelques exemples de ces constructions :

écrire sur du papier (holl. *beschrijven*)

régner sur un pays (signification abstraite)

être étendu dans l'herbe

naviguer sur l'Océan (holl. *bevaren*).

Nous n'avons qu'à enregistrer ces cas de transition comme tels.

e) Est encore régime direct le point de départ appelé par la valeur du verbe, par exemple :

descendre du grenier

sortir de la maison

arracher aux mains de

délivrer des mains de [1]

Plusieurs de ces verbes, ceux qui expriment un mouvement, peuvent aussi avoir comme régime direct un *directivus*, par exemple :

descendre à la cave

sortir dans la rue :

le « mouvement vers » est toujours régime direct appelé. Constatons ici qu'un verbe comme *descendre* peut donc avoir trois régimes directs :

descendre un objet du grenier à la cave.

---

1. Tandis que *délivrer d'un poids* représente tout autre chose qu'un « point de départ ». C'est aussi un régime direct, mais c'est un accusatif-(syntaxique)-génitif. Le régime direct est ici « intérieur » ; dans *délivrer des mains de*, il est « extérieur », comme nous le verrons plus loin.

Nous verrons tout à l'heure que dans cet exemple le régime direct non-prépositionnel est « intérieur », les régimes directs prépositionnels sont ici « extérieurs ». On peut encore ajouter des régimes indirects, par exemple : *Chez moi nous avons descendu un objet du grenier à la cave.* Et ces régimes indirects aussi peuvent être prépositionnels (*chez moi*) ou non-prépositionnels (par exemple *hier*). Mais ils ne sont jamais « intérieurs ».

f) Voici encore un cas où le rapport logique de régime « appelé » détermine un rapport de régime direct:

faire la navette entre deux villes.

La préposition est « impliquée » dans le verbe, tout comme dans :

demeurer + localisation

tendre les bras + direction

arracher + point de départ

séjourner, être établi + localisation

s'établir + direction.

g) Un verbe comme *remplir* appelle logiquement ce dont on remplit : ce verbe pourra donc aussi avoir, à côté d'un régime direct non-prépositionnel, un régime direct prépositionnel : *remplir un sac de pommes de terre.*

Mais un adjectif comme *plein* appelle également logiquement ce dont l'objet est plein, et aura donc aussi un régime direct. De même, *prêt* appelle ce à quoi on est prêt, *utile* ce à quoi on est utile, *content* ce dont on est content [1]. *Las de quelque chose, habile à faire quelque chose, fatigué de tout* (dans le sens de « en avoir assez »), bien d'autres adjectifs encore, sont suivis d'un régime direct. Ce sont, comme on se le rappelle, des

---

1. Mais pas du tout ce *à cause de quoi* on est content ! Dans ce cas on a un ablatif - régime indirect.

exemples d'accusatifs, tantôt des accusatifs-génitifs (avec *de*), tantôt des accusatifs-datifs (avec *à*).

h) Est encore régime direct : tout attribut d'un substantif : *la bataille de Waterloo, ma maison à Paris, l'homme au masque de fer, une charge sur le plateau, une charge sur l'ennemi, les villages autour de Paris, un combat à coups de revolver, un homme à plaindre,* etc., etc.

i) Il faut encore considérer comme des régimes directs certaines constructions *à forte cohésion,* qui représentent presque des composés, et dont nous rencontrerons un grand nombre dans nos descriptions de *à* français et de *da* italien, auxquelles je me permets de renvoyer ici. Exemples : *verre à vin, bicchiere da vino, difficile à faire, nave a vela, dare da leggere* [1].

j) Le « régime » du verbe *être* est-il « direct » ou non ?

Un sujet + *être* peut être suivi d'un régime indirect ; ce sera le cas lorsque *être* a son sens plein de « exister », comme dans la fameuse phrase de Descartes.

Mais *être* peut aussi signifier « se trouver ». Il « appelle » alors une localisation, qui sera donc régime direct : *Je suis à Paris, hors de la ville, à cheval.*

Enfin *être* peut fonctionner comme verbe-copule [2]. Dans ce cas, il « appelle » un prédicat, qui sera donc aussi régime direct : *Je suis Hollandais ; Je suis hors de moi-même ; Il est à cheval sur la grammaire ; Il est à plaindre.*

Une dernière remarque encore.

M. Vendryes se demande s'il faut appeler *le verbe*

---

1. Le supin appartient à ce groupe : *venatum ire, dare da leggere,* holl. *gaan jagen, te lezen geven,* où le caractère direct du régime est très sensible, presque visible.

2. Le nom de « verbe-copule » ne doit pas nous faire méconnaître le fait que *être* est un verbe comme les autres !

« partir » dans « Je pars dimanche » un *verbe* transitif ou un *verbe* intransitif. A propos de cette question, je voudrais faire remarquer qu'il n'y a pas un seul verbe « partir », dont on peut se demander alors s'il est transitif ou non : il y a plus d'un verbe « partir », comme il y a plus d'un substantif « plume ». Ou, si l'on veut, il y a du verbe « partir » des *emplois* transitifs ou intransitifs. C'est là, évidemment, le sens de la question de M. Vendryes, à laquelle nous croyons avoir répondu plus haut. Je crois qu'on peut préciser encore la réponse, en faisant une distinction entre des régimes directs *intérieurs* et des régimes directs *exté rieurs*. Nous allons tenter cette précision, après quoi nous donnerons encore quelques applications de notre système.

B) Régime direct intérieur et régime direct extérieur

On se rappelle que Wundt, dans sa théorie des « cas », établit une distinction entre [1] :

1. Les cas de *détermination extérieure*, à savoir : le locativus, le directivus, l'ablativus et l'instrumentalis-socialis. Il les appelle ainsi parce que ces rapports casuels « ont toujours besoin d'un signe quelconque pour être compris ».

2. Les cas de *détermination intérieure*, à savoir : le genitivus, l'accusativus et ce qu'il appelle « le dativus de l'objet éloigné ». Ces rapports-là « n'ont pas besoin d'un signe spécial pour être compris ».

Nous avons dit plus haut pourquoi nous ne sommes pas d'accord avec Wundt sur sa théorie des « cas ». Mais cette division des rapports casuels en « cas intérieurs » et « cas extérieurs » nous semble très heureuse. Et, conformément à notre système à nous, nous consi-

---

1. WUNDT, *Die Sprache*, II, p. 60 suiv.

dérons comme *cas intérieurs* : toutes les nuances de l'accusativus (syntaxique) [1]; comme *cas extérieurs* : tous les autres rapports casuels. En effet : « cas intérieur » correspond exactement à cet ensemble de rapports directs, immédiats, purs que nous appelons l'accusativus : ce sont presque deux noms pour la même chose, ou, si l'on veut, un nom à côté d'une définition. Tandis que la localisation, la direction, etc. représentent bien des rapports extérieurs, « ayant besoin de signes spéciaux pour être compris ». Il est clair qu'un rapport intérieur est donc toujours régime direct, tandis que les rapports extérieurs peuvent être régime direct (appelé ou attributif) ou régime indirect (non-appelé). Le régime indirect est toujours extérieur.

Et voilà notre système du régime complet. Appliquons-le maintenant, et prenons tout d'abord les exemples à propos desquels M. Vendryes a posé la question du régime.

C) Quelques applications de ce système

1. *Je pars à Paris* = régime direct (prépositionnel) extérieur.

   Je pars dimanche = régime indirect (non-prép.).

   J'attends Pierre = régime direct (non-prép.) intérieur.

   J'attends à demain = régime direct (prép.) extérieur.

   Tournez la meule = régime direct (non-prép.) intérieur.

   Tournez à droite = régime direct (prép.) extérieur.

   Tournez le coin = régime direct (non-prép.) intérieur.

   [*Saepe stylum vertas* = régime direct (non-prép.) intérieur].

---

1. Qui comprend, comme on se le rappelle, l'accusatif, le génitif, le datif et le nominatif-complément.

[*Verte hac* = régime direct extérieur (forme spéciale)].

Tourne par ici = régime direct (prép.) extérieur.

Comme on le voit, tout est classé !

2. Voici quelques autres analyses de régimes prépositionnels :

Dans la lune, j'ai vu un petit bonhomme :
     = rég. ind. de *voir*.

J'ai vu, dans la lune, un petit bonhomme :
     = rég. ind. de *voir*.

J'ai vu le « petit bonhomme dans la lune » :
     = rég. dir. ext. (attributif) de *bonhomme*.

J'ai vu un petit bonhomme dans la lune :
     = rég. ind. de *voir*.

J'ai envoyé (ce garçon) chez mon voisin :
     = rég. dir. ext. de *envoyer*.

Cet homme, chez moi, ferait des bêtises :
     = rég. ind. de *faire*.

3.

Difficile à faire	= rég. dir. extérieur
Donner à copier	= rég. dir. extérieur
Donner pour le copier	= rég. indirect
C'est très difficile, à l'entendre	= rég. indirect
Il est difficile de faire cela	= rég. dir. intérieur
Se rendre à quelqu'un	= rég. dir. intérieur
Se rendre à Paris	= rég. dir. extérieur
Comparer une ville à Paris	= rég. dir. intérieur

4. Voici encore une phrase, fabriquée pour la circonstance, avec des régimes avec *à* :

« Napoléon III s'est rendu, à Sedan (*ind.*), aux Allemands (*dir. int.*), à dix heures (*ind.*). Pour cela (*ind.*) il s'est rendu à un petit village (*dir. ext.*) à quelques kilomètres (*dir. ext.* : attribut de « village ») de Sedan (*ind.*), où il a demandé à parler (*dir. int.*) à Bismark (*dir. int.*), qui se trouvait, à ce moment-là (*ind.*), au quartier général (*dir. ext.*), mais qui est arrivé le plus vite possible, à cheval (*ind.*). »

5 [1]. *Cela coûte cinq sous* = régime direct intérieur
J'ai vendu cela cinq sous = régime indirect
J'ai vendu cela pour cinq sous = régime indirect (prépositionnel)
Romam ire = régime direct extérieur
Domum vendere = régime direct intérieur
Marcher trois kilomètres = régime indirect.
Régner pendant quarante ans = régime indirect (prépositionnel)
Tria milia passuum progressi sunt = régime indirect (non-prépositionnel)
Per tres dies progressi sunt = régime indirect (prépositionnel)

6. « **Au** grand cri étouffé [*datif* [2]; *rég. dir. int.*], au palpitant émoi [*id.*] des cœurs [*genitif* [3]; *rég. dir. int.*] produit par la chute [*ablatif; rég. ind.*] du jeune gymnaste [*gén.; rég. dir. int.*], avait succédé une morne stupeur, et avec cette stupeur [*instrum. rég. ind.*] dans la salle [*locatif*, mais pas purement casuel; *rég. ind.*] bondée de spectateurs [*gén. rég. dir. int.*], s'était fait un silence, un de ces épouvantables silences [*gén. rég. dir. int.*], selon [*non-casuel; rég. ind.*] l'expression d'un homme [*gén.*] du peuple [*gén.*], que suspend sur les multitudes [*directif; rég. dir. ext.*] la minute qui suit une imprévue catastrophe, et tout au fond [*locut.*] duquel [*gén.*], il y avait, lointainement, çà et là [*formes spéciales du locatif; rég. ind.*], des pleurs de petites filles [*gén.*] que l'on sentait comprimées, étouffées dans locatif; *rég. dir. ext.*] le corsage de leurs mères [*gén.*]. »

---

1. Voir la fin du chapitre VI.
2. Donc : accusatif avec *à*.
3. Donc : accusatif avec *de*.

7. « Abitava al nostro stesso albergo [*locatif; rég. dir. ext*], et s'era fatta amica della mamma [*gén.; rég. dir. int.*]. Come si chiamava ? Giulia Casardi, mi [*datif; forme spéciale; rég. dir. int.*] pare. Vestita sempre di bianco [*gén.*], io la vedeva come tuffata in [*directif ou locatif; rég. dir. ext.*] una spuma. Si occupava poco delle mie sorelle [*gén.; rég. dir. int.*]. I capelli di [*gén.*] Gretchen la bambola, di [*gén.*] Larissa, erano più biondi, ma non splendevano. Invece [*pas prépositionnel*], quando Giulia scendeva alla [*directif; rég. dir. ext.*] spiaggia e passava sotto [*locatif, mais pas purement casuel; rég. dir. ext.*] il sole, i suoi capelli sprizzavano scintille auree; e io la pregava di stare [*accusatif*] senza la cuffia [*non-casuel; rég. ind.*] di [*gén.*] merletto. »

DEUXIÈME PARTIE

La Description

De

De latin a été étudié récemment par M. A. Guillemin, dans un livre intitulé : *La préposition « de » dans la littérature latine et en particulier dans la poésie latine de Lucrèce à Ausone*[1]. Avant M. Guillemin, un autre savant, M. Clairin, était allé, chronologiquement, plus loin, dans une thèse intitulée : *Du génitif latin et de la préposition « de ». Etude de syntaxe historique sur la décomposition du latin et de la formation du français*[2]. Un autre livre encore fournit des renseignements précieux sur l'histoire de « de » : la thèse de M. Hjalmar Kallin sur : *L'expression syntaxique du rapport d'agent dans les langues romanes*[3], avec citations de nombreux textes latins, français, provençaux, catalans, espagnols et italiens. Les ouvrages de Guillemin et de Kallin contiennent en outre de nombreuses indications bibliographiques.

---

1. Paris, CHAMPION, sans date.
2. Paris, VIEWEG, 1880.
3. Paris, CHAMPION, sans date [1923].

L'étude de ces trois monographies, avec d'autres ouvrages, nous apprend qu'en latin déjà *de* commence à pouvoir marquer quelquefois un rapport tellement général qu'on peut y voir un commencement de sa fonction ultérieure de préposition casuelle. Ainsi, dans une construction comme *de palla memento*, M. Guillemin fait remarquer avec raison que *de* y « marque seulement un lien entre le manteau et l'action » (p. 99). En effet, ce rapport ne diffère guère d'un génitif comme celui de *memini alicuius* [1]. De même, dans : *bellua emisit geminas palmas de corpore humano* [2] (Claud. 26, 254), cité par M. Guillemin (p. 81), nous avons encore un génitif, tout comme dans *de caelo metus, magno de nomine terror*. Ces emplois, « qui font pressentir la préposition française *de* », remontent même assez haut : M. Guillemin cite dans Varron (*R. R.*, 1, 41, 5) l'expression *grana de fico* (p. 82). Mais — et c'est là l'essentiel — tant que le génitif flexionnel existe bien vivant et mobile, la préposition *de* ne peut pas encore avoir exactement la valeur d'une désinence flexionnelle casuelle pure. Ces emplois avec *de* continuent à différer des constructions françaises casuelles avec *de*, parce que le *de*

---

1. Il faut se garder de voir dans *memini alicuius* une sorte d'ellipse de *memini* (*rem*) *alicuius* : le génitif dépend directement du verbe, sans aucun élément sous-entendu (*rem*) dont dépendrait ce génitif « pour le sentiment linguistique des Romains de l'époque classique ». Le fait que le « régime de chose » de *memini* est généralement à l'accusatif ne peut avoir aucune influence sur le génitif du « régime de la personne ». En d'autres termes : *memini rem alicuius* représente un génitif adnominal, *memini alicuius* un génitif adverbal, tout comme *memini alicuius rei*. Nous avons ici affaire à une question de principe des plus importantes pour notre sujet : c'est pour cela que je me permets de parler ici d'une question qui ne concerne pas directement la syntaxe française moderne. Mais indirectement beaucoup !

2. = « deux mains d'homme ».

français moderne du génitif « ne marque plus qu'un rapport dont le sens ne peut se dégager que du contexte », tandis que « jamais l'idée verbale de séparation ou d'éloignement ne s'est effacée des constructions elliptiques servant de complément de nom durant la période impériale [1]. » Nous ne croyons pas, à vrai dire, qu'il y ait « ellipse » dans une expression comme *magno de nomine terror* [2]. Mais il ne nous en semble pas moins vrai que *de* a ici un sens encore bien plus concret que le *de* moderne dans *la peur d'un grand nom*. Le *de* latin représente encore la « concrétisation » — comme nous l'avons appelé — d'un cas, tout comme *de* « concrétise » un cas dans *de Roma proficisci*, ou dans : *De tenero cingite flore caput* (Ovide, *Fasti*, III, 254 [3]). En d'autres termes : ce n'est pas encore un *de* qu'on aurait le droit de considérer comme une « préposition-casuelle». Ce n'est qu'à mesure que le génitif et l'ablatif flexionnels disparaissent que nous voyons *de* prendre réellement, peu à peu, sa fonction moderne de préposition casuelle, équivalant à une désinence casuelle pure, et que nous voyons peu à peu la préposition *de*, rejoindre la série des prépositions « les plus avancées en âge », qui, comme le dit Bréal, se sont « vidées de leur signification pour devenir de simples outils grammaticaux ». Dans l'étude de Clairin on voit commencer cet état de choses, qui continue et s'achève dans les textes romans cités par M. Kallin. Ce n'est que dans ces derniers textes que nous voyons les langues romanes se servir de *de* exactement comme le latin se servait d'une désinence. Nous allons maintenant décrire ce *de* préposition casuelle dans la syntaxe moderne du français.

---

1. GUILLEMIN, *op. cit.*, p. 81.
2. Voir la note à la page 62.
3. Cité par KALLIN, *op. cit*, p. 36.

Entrons tout de suite dans la syntaxe mobile, et notons comme première fonction de *de* la nuance casuelle que la grammaire indo-européenne appelle **l'ablatif,** marquant le point de départ, aussi bien au point de vue local ou temporel que dans un sens abstrait : cause, origine, etc. Cet ablatif, le latin pouvait encore, en général, le rendre par une désinence casuelle : *Roma proficisci ; Mercurius Iove et Maia natus est.* Quelquefois la nuance ablative, c'est-à-dire le point de départ, est extrêmement affaiblie, par exemple dans l'ablativus comparationis. Tant que l'ablatif et le génitif différaient encore morphologiquement, la distinction entre les deux cas, nettement exprimée, reste nettement sensible. Mais en français moderne, où la même préposition peut représenter aussi bien un génitif qu'un ablatif — par exemple *la descente d'une échelle* —, il en est tout autrement : la langue *renonce* dans bien des cas à *exprimer* cette différence, en se servant du simple *de*. Mais, si la différence n'est plus marquée expressément, *elle n'en reste pas moins.* Ceci posé, nous n'aurons pas de peine à reconnaître des ablatifs dans :

> *Je viens de Paris*
> *Je meurs de froid*
> *J'ai attendu de 5 à 6 heures*
> *Il était né de parents pauvres,* etc., etc.

D'autre part, rien ne permet plus de considérer comme un ablatif la construction du vieux français *plus grand de moi,* que l'italien moderne connaît encore (*più grande di me*) et sur laquelle nous aurons donc à revenir dans notre description de *di*.

Nous avons un second rapport casuel marqué par *de* dans **l'instrumental,** nom que nous donnons ici à l'instrumentalis-sociativus :

> *J'ai fait cela de mes propres mains*
> *Franchir le fossé d'un bond*
> *Crier de toutes ses forces*
> *Tuer d'un coup d'épée.*

Dans tous ces exemples, le sens de « avec », la vraie préposition instrumentale-sociative, est très sensible. Le régime à l'instrumental n'est jamais direct-appelé. Faisons encore remarquer que l'instrumental local (« accompagné de ») ou temporel (« en même temps que ») ne se construisent jamais avec *de* [1].

Il y a un troisième emploi casuel de *de*, mais très restreint et par conséquent *fortement locutionnel* : le *de* **locatif,** vieil aristocrate, dont l'emploi ininterrompu et à peine changé remonte à l'antiquité latine : *de nocte.* En voici quelques exemples en français moderne : *du vivant de, de nuit, de jour, de nos jours, de ma vie, jamais de la vie, de toute la nuit, de tout le jour.* Racine écrit : « Je ne l'ai pas encore embrassé d'aujourd'hui ». On constate facilement le caractère figé de toutes ces expressions, dont voici encore quelques-unes : *de bonne heure, de tous temps, du temps de, du côté de, de l'autre*

---

1. Ni le latin ni le grec ne connaissaient plus l'instrumental morphologique : là donc où il s'agissait de rendre un rapport instrumental, ces langues déjà avaient recours à d'autres cas morphologiques ou à des prépositions, parmi lesquelles on rencontre *de*, cf. GUILLEMIN, *Op. cit.*, p. 57, où l'auteur, d'ailleurs, parle d' « ablatifs » là où il y a en réalité quelquefois un instrumental, et non pas un « ancien instrumental », par exemple dans *de mea pecunia piare* (PLAUTE, *Men.* 291). C'est le hollandais « *van myn geld* betalen », le français « payer *de ses propres deniers* », avec cette différence que *de* latin est plus « concret » que les prépositions modernes en question. Mais le rapport casuel est bien le même : *de* latin ne marque plus le point de départ, mais déjà, comme le fait remarquer M. Guillemin, le moyen. Donc : c'est un instrumental !

côté de, du reste de l'année. Souvent, comme en latin, l'expression suggère une nuance de durée : « De tout le mois de mars, nous n'eûmes pas un jour de bon »; « Celui-là n'était pas de longtemps à craindre »; « De mémoire d'homme on n'avait vu pareille chose » : cette nuance n'empêche pas ces rapports d'être des *locatifs* (locaux ou temporels) : elle est entièrement dáns la valeur du mot régi par *de* [1].

En rentrant maintenant dans la syntaxe mobile, nous avons une quatrième fonction casuelle de *de* dans le **génitif,** que nous avons défini, comme on se le rappelle : « tout accusatif construit avec *de libre* ».

La stylistique fait reconnaître d'abord un certain nombre de nuances du génitif adnominal, par exemple :

    a) génitif du sujet (ou « subjectif ») : *une charge de cavalerie ;*

    b) génitif du régime (ou « objectif ») : *la peur de la mort ;*

    c) génitif de possession (ou « possessif ») : *le lit de Jean ;*

    d) génitif appositif : *la ville de Rome ;*

    e) génitif de matière : *une table de bois ;*

---

1. Il est curieux de constater combien certains dictionnaires français-hollandais groupent mal les nuances : ainsi j'en trouve un qui range sous la même rubrique, « Tijd », les trois exemples suivants pourtant très différents : *du matin au soir, de nos jours, la veille de Noël* (!), c'est-à-dire un ablatif, un locatif et un génitif, ou, si l'on veut, un « point de départ », une « localisation dans le temps » et un « génitif ». D'autres groupent ensemble, sous la rubrique « Plaats » : *la bataille de Waterloo, la différence de Pierre à Paul* et *si j'étais que de vous !* Il est difficile de grouper les différents sens de *de* dans un dictionnaire, mais il est pourtant possible de les grouper un peu plus logiquement, sans vouloir réunir sous un nombre restreint de rubriques trop de choses qui n'ont rien à faire les unes avec les autres.

f) génitif partitif : *deux de ces hommes,*
d'autres encore peut-être.

Ici nous rencontrons pour la première fois *de* pouvant relier un infinitif à un terme régissant : *la peur de mourir.*

Il y a également des génitifs après des adjectifs : *las de tout, fier de quelque chose, content de, plein de,* tandis que par exemple *fatigué du voyage* représente un ablatif, et non pas un génitif.

En latin et en grec nous rencontrons ici également le génitif, après *plenus, avidus,* μεστος, etc.

Le génitif est fréquent aussi après des verbes, comme c'est le cas en latin après *obliviscor, condemno, accuso,* etc., en grec après μιμνήσκω, διώξομαι, etc. En voici un certain nombre d'exemples, où la dépendance est en effet absolument directe, sans aucune nuance spéciale : *se moquer de, accuser de, féliciter de* (nuance nullement causale), *fatigué de tout* (dans le sens de « en avoir assez »), *souffrir des dents* (ce qui ne veut pas du tout dire par exemple « à cause des dents », ni ne serait une sorte de « locatif »), *ce sac est rempli de pommes* (où « rempli » est entièrement synonyme de « plein », sans aucune valeur verbale), *se venger d'une injure* (cf. « l'injure a été vengée », possibilité qui prouve combien le rapport est direct, sans aucune nuance ablative), *délivrer d'un poids* (tandis que « délivrer des mains de quelqu'un » représente un ablatif).

Sont encore des génitifs les constructions avec *de* suivantes : *parler de quelqu'un, que dites-vous de cela ?* Le rapport est bien celui d'un « accusativus avec *de* libre »; la préposition n'y a pas du tout le sens de *de* latin dans une phrase comme celle-ci : *Quid censes hac de re? Thucydides libros scripsit de bello Peloponnesiaco.* Ce *de* latin correspond à « sur » ou à « par rapport à, au sujet de », etc., tandis que le *de* français est entièrement vide. Nous trouvons le même *de* français génitif dans les formules abrégées stéréotypées par lesquelles on indique le titre de livres : « le chapitre des *Essais* de Montaigne intitulé : *de la Tristesse* ». Ce procédé appartient à la syntaxe figée au même titre que des formules abrégées comme : *Alexandre Dumas fils,* qui trouvent leur place dans le chapitre de l'article — ou comme : *Seront punis tous ceux qui...,* qui trouvent leur place dans le chapitre de la place du sujet. Ce sont « de véritables clichés, rayonnant dans l'usage général, mais qui gardent, au point de vue de la syntaxe, leur caractère de clichés [1] ».

Un *de* correspondant au latin *de :* « par rapport à » se rencontre encore par exemple dans Montaigne : *De moi, je...;* voilà le même *de* que dans *De bello gallico libri V,* mais que la langue moderne ne connaît plus, l'ayant remplacé par *sur, quant à,* etc.

Voici encore d'autres génitifs : *rivaliser de politesse* [2], *deux hommes de tués, trois mètres de plus, être de bonne famille,* nombre d'autres encore, où rien ne permet de voir autre chose que des « accusatifs avec *de* » : la préposition y est entièrement « vide », sans être «. écrasée », et le rapport absolument direct, sans aucune nuance spéciale.

Avec *de* locatif, et avec le cliché dont on se sert pour les titres d'ouvrages, nous avions déjà fait des excursions sur le terrain de la syntaxe figée. Voici de nouveau un certain nombre de constructions figées, où d'après les principes indiqués dans notre *Première Partie,* on a le droit de parler de la présence d'un *de* préposition :

---

1. Voir SECHEHAYE, *Les règles de la grammaire et la vie du langage* (dans *Germ. Rom. Monatsschrift,* VI, p. 297), et mes *Essais de Syntaxe moderne,* p. 38.
2. La politesse est *l'objet* de la lutte, et non pas *l'arme.*

Lune de miel, cul-de-jatte, « Nom de Dieu ! », Saint Jacques de Compostelle, De la Bruyère, de mémoire d'homme, de gaîté de cœur, être de la partie, de plain pied, de propos délibéré, (connaître) de vue, être de garde, « Et de deux! », on dirait de…, « de l'un ou de l'autre, qui préférez-vous ? », de lui-même, cela va de soi, être de taille à, de bonne foi, de bonne heure, (attaquer) de front, « de rien », à l'encontre de, des centaines d'autres encore.

Par contre, on n'aura pas le droit de parler d'une construction prépositionnelle dans : *derechef, afin de, pas du tout, de par, de trop.* Reconnaissons d'ailleurs que la limite est bien flottante, pour une préposition comme *de,* entre ces deux groupes de locutions, celles où il y a encore de la syntaxe et celles où il n'y a plus de syntaxe du tout.

C'est ici aussi qu'il faut placer, dans la syntaxe du français, l'article partitif, qui représente bien un cas typique de *de* préposition dans la syntaxe figée, comme aussi le *de ce que* dans une phrase comme celle-ci : *Il est content de ce que je suis venu,* qui représente bien la « mise au génitif » — pour « échapper » au subjonctif — de *que je suis venu.*

Nous allons maintenant comparer entre eux cinq types de constructions :
   a) *Ce sac est rempli de pommes*
     Le camp était entouré de palissades
   b) *Ce sac a été rempli de pommes par moi*
     Le camp avait été entouré par nous de palissades
   c) *La Cour des Miracles était enclose par l'ancien*
      mur de l'enceinte
   d) *La porte avait été ouverte par le vent*
   e) *Il était aimé de tous ceux qui le connaissaient.*
Quelle est la différence entre les types *a)* et *b)* ?

Dans le type *a*), le « participe » est entièrement vide de sens verbal ; il n'y a pas d'action du tout ; le « participe » est un adjectif et le verbe *être* est verbe-copule, introduisant un prédicat. Il y a donc ici un « accusatif avec *de* », c'est-à-dire un génitif. Voici d'autres phrases de ce type [1] : *Cet homme est doué de grandes qualités ; Je suis parti, muni de tout ce qu'il me fallait ; Ce recueil est composé de romans et de pièces de théâtre.*

Voilà donc des génitifs. Que faut-il maintenant pour que ces génitifs se changent en instrumentaux ? Il faut que le « participe » prenne de la valeur verbale. Le verbe *être* se change alors en verbe auxiliaire. Il faut donc qu'il s'introduise dans les phrases en question une nuance active, et nous aurons le type *b*) : *Ce sac a été rempli par moi de pommes ; Il avait composé ce recueil de vers et de prose ; J'ai fait ce meuble de vieilles planches.*

Voilà donc des instrumentaux [2]. Mais qui se trouvent sur la limite du génitif, comme en latin. Le type *c*) représente bien un instrument pur. M. Kallin [3] n'est pas de cet avis : il voit dans « enclose » un verbe et dans la construction avec *par* un rapport d' « agent », parce que *par* « sert régulièrement dans les différentes langues à exprimer le rapport d'agent ». Le verbe aurait, par conséquent, une valeur passive ici. Mais le hollandais *door* marque très bien l'instrumental à côté de l'ablatif, et il en est de même pour *par*, qui me semble ici absolument synonyme de *de*. Il m'est impossible de voir dans *enclose* une valeur passive et dans *enceinte* un « agent » : la construction me semble être

---

1. Cf. en latin : *replere, ornare,* etc.

2. Dans un manuel de latin on appelle « ablativus causae » le rapport casuel dans : *montem militibus compleri iussit.* Comprenne qui pourra !

3. *Op. cit.,* p. 4.

tout à fait un instrumental. Par contre, *de* et *par* dans les types *d)* et *e)* sont de véritables ablatifs : les verbes sont au passif et *être* est verbe auxiliaire [1].

Passons maintenant à *de* — **accusatif**, préposition écrasée. Dans notre *Première Partie* nous avons déjà signalé les principaux emplois de ce *de ;* il faut maintenant examiner quelques-uns de ces emplois de plus près.

Nous avons constaté l'existence d'un *de* écrasé devant infinitif, par exemple dans : *Je refuse de partir,* ou dans *Il est inutile de travailler.* Ici se pose une question très importante : *de* devant infinitif est-il identique ou non à l'anglais *to* devant infinitif ? Ce *to* anglais a tout l'air d'être devenu peu à peu une sorte de préfixe plus ou moins *morphologique* de l'infinitif, un peu comme l'article devant le substantif. Bien des manuels de syntaxe française appellent le *de* français devant l'infinitif un signe linguistique absolument identique à *to.* Est-ce exact ?

Admettons que *to* soit réellement un préfixe morpho-logique. En le comparant à *de* français, nous constatons alors une première différence entre ces deux particules, qui me semble essentielle : l'infinitif sujet n'est pas accompagné de *de* en français, tandis que l'infinitif sujet en anglais est toujours précédé de *to* : ainsi : *To be or not to be....,* mais : *Etre ou ne pas être....* En d'autres termes, le *to* anglais « appartient » bien plus à l'infinitif que le *de* français. De là aussi le fait, très important aussi, que l'infinitif régime direct d'un verbe non-auxi-liaire est bien plus souvent construit sans *de* en français que sans *to* en anglais : *Je désire y aller; J'espère voir cela; Je compte faire cela,* mais : *I hope to see him; I wish to see him.* Voici encore un fait qui semble prou-ver que *de* est beaucoup plus indépendant que *to:* dans

les cas où *de* est « préposition introductrice-subordonnante » — *De dire cela je ne l'oserais jamais* —
l'anglais sent le besoin de renforcer son *to*, qui n'est
que préfixe morphologique, en disant *As to*, formule
équivalent à « quant à » : il est évident que l'anglais
pourrait se contenter d'un simple *to,* si ce *to* était aussi
indépendant de l'infinitif que *de.* Ensuite : on trouve
en français quelques traces de *de* certainement synonyme de *to,* par exemple dans la phrase très populaire
C'est pour de rire, holl. « 't Is om *te lachen* »[1]. Mais
l'emploi absolument exceptionnel de cette tournure, que
la langue cultivée rejette absolument, est une excellente
preuve de la différence entre *de* et *to.* Enfin : la différence très nette entre *Je lui ai dit ne pas le croire* et
Je lui ai dit de ne pas le croire montre bien que *de* est
autre chose que le *to* purement morphologique, qui ne
se prêterait pas à des nuances pareilles.

Il serait peut-être possible de donner d'autres indices
de la différence entre *de* et *to* devant un infinitif — sans
compter le fait que le français, à côté de *de,* connaît
encore *à* — mais je crois que ce qu'on vient de lire suffit
pour conclure ainsi : un jour, le *de* français devant infinitif aura peut-être le même caractère *morphologique*
qu'a déjà le *to* anglais devant l'infinitif ; pour le
moment, le français n'en est pourtant pas encore là[2].

---

1. Plutôt « Voor de grap », mais peu importe ici.

2. En hollandais, si je ne me trompe, le simple *te* devant
infinitif équivaut au *to* anglais. La fonction de *de* (ou *à*) français devant infinitif se retrouve alors plus ou moins dans le
om, par lequel on renforce souvent notre *te.* Ainsi, dans : *Ik
weiger (om) te-komen,* le *om* me semble être préposition
écrasée, comme *de* dans : *Je refuse (de) venir ;* le *te* y est alors
préfixe morphologique, comme le *to* anglais, et au même
degré. D'ailleurs, le besoin de détruire un hiatus syntaxique
est, en général, moins fort en hollandais qu'en français.

Om ne correspond pas *exactement* à *de* ou *à,* bien entendu :
il s'agit d'un rapprochement entre les deux signes linguistiques !

Ce principe posé, répétons maintenant les principales constructions où *de* est « préposition écrasée », et que nous avons déjà énumérées plus haut, à savoir :

a) entre un verbe et un infinitif-accusatif :

Je refuse (de) partir

b) dans le « double accusatif » :

Traiter quelqu'un (d') ami

c) devant le « sujet logique » :

Il est défendu (d')entrer [1]

d) devant « l'infinitif historique » :

Grenouilles (de) sauter

e) devant le « prédicat » dans :

Si j'étais (que de) vous (= « que de »).

Pour ce qui concerne l' « infinitif historique » : combien il est évident que *de* n'a ici aucune « valeur » ! Aussi les linguistes l'appellent-ils souvent un *de* « explétif ». Le latin n'a pas de préposition du tout. L'italien se sert de *a* ou se passe de préposition. Le hollandais écrase *aan het,* ou n'a pas de préposition non plus. En français il existe un autre emploi de l'infinitif « en hiatus », où la langue ne sent pas le besoin de combler cet hiatus par une préposition : *Lui me tromper !* C'est une construction fortement emphatique, et c'est cette emphase qui conserve ici l'hiatus. C'est la construction de la fameuse phrase de Virgile, *Aen.,* I, 37 : *Mene incepto desistere victam!*

Pour ce qui concerne l'emploi de *de* comme préposition (vide) « introductrice-subordonnante », nous nous permettons de renvoyer le lecteur au chapitre V de la *Première Partie,* où nous en avons parlé. Nous aurons, en outre, l'occasion de revenir sur la « justification en appendice » dans notre description de *pour.*

---

1. Avec « nomen » : *Il s'en faut de peu,* où Rousseau écrit encore : « Il s'en fallut peu ».

Un accusatif après *de* préposition « fin de mot » est très rare : on en a des exemples dans *servir de, venir de*. Ces constructions, que nous avons signalées aussi dans notre *Première Partie*, chapitre V, appartiennent à la syntaxe figée.

Résumons maintenant nos analyses dans un tableau, qui représentera alors la description succincte de *de* dans la syntaxe moderne du français.

DE (préposition casuelle)

I

Syntaxe figée

(Voir des exemples plus haut.)

II

Syntaxe mobile

A. PRÉPOSITION (VIDE) INTRODUCTRICE-SUBORDONNANTE :
    « De dire cela, c'est idiot. »
    « Vous n'avez donc pas faim, de manger si peu ? »

B. PRÉPOSITION ÉCRASÉE :
    « C'est une honte (de) mentir. »
    « C'est une honte (que de) dire cela. »
    « Si j'étais (que de) vous. »
    « Je refuse (de) le faire. »
    « Grenouilles (de) sauter. »
    Ce sont des **Accusatifs.**

C. Préposition (normale) :

  I. **Ablatif** (local, temporel, conditionnel).
        Nuances : abl. causae, originis, etc.
 II. **Instrumental** (seulement conditionnel).
III. **Locatif** (surtout temporel ; emploi très restreint).
IV. **Accusatif**, qui s'appelle :
    Génitif (= acc. avec *de* libre).
      Nuances :
    a) dépendant d'un substantif : génitif du sujet,
       de l'objet, de matière, possessif, etc.
    b) dépendant d'un adjectif : « las de ».
    c) dépendant d'un verbe : « se moquer de ».
[V. **Directif** : « du côté de »].

D. Préposition fin de mot (très rare) :
Exemple : « servir de] » ; « venir de] mourir ».
Ce sont des **Accusatifs**.

Di

Il est évident *a priori* que la description syntaxique
de *di* sera en bonne partie identique à celle de *de* français. Mais il est clair aussi que le temps et le milieu
n'auront pas fait de *de* latin exactement la même chose
en Italie qu'en France : on n'a qu'à penser au fait que
l'italien a une préposition *da*, proche parente de *di*, que
le français ignore complètement, et dont l'existence a
dû influencer beaucoup la « grammaire » de *di*.

Ainsi *da* remplit le plus souvent les fonctions de *de*
français ablatif ; pourtant la préposition *di* aussi peut
être **ablatif**, par exemple :

*Uscire di casa; vengo di Roma; morire d'inedia;
trarre di bocca; nero di fumo; nato di nobili parenti,*
etc., etc. Souvent l'ablatif est figé : *di mano in mano;
d'oggi innanzi; di casa in casa.*

Nous retrouvons pour *di* également l'**instrumental** :
*balzare d'un salto; comprare di suo danaro; salutare
d'un cenno della mano.* Comme instrumental, *di* n'a pas
comme concurrent *da* — comme c'est le cas pour l'ablatif — mais *con.*

Nous retrouvons également pour *di* la fonction de
locatif, très restreinte et par conséquent fortement locutionnelle : *di giorno, di primavera, di guigno; di sera;
di bel giorno; questo fu del mese di maggio; mi trovava
in Genova di quaresima, di buon' ora.* On constate bien
vite que l'italien et le français n'ont pas du tout les

mêmes expressions ici : tantôt toute préposition manque en français, par exemple devant les noms des jours de la semaine et des mois, tantôt l'italien n'a pas *di* mais *da*, par exemple *da un lato il monte Vesuvio, dall' altro i campi Elisi.*

En résumant on pourrait dire, je crois, que l'emploi de *di* local est moins restreint, et par conséquent plus mobile que celui de *de* français local.

Comme pour *de* français, la fonction la plus générale de *di* est celle de **génitif** : *Un sacco di grano, l'amore della patria, molti di noi, la città di Roma,* etc., etc. Egalement devant un infinitif : *la paura di morire.* Puis après des adjectifs : *contento di, pieno di, stanco di.* Ensuite après des verbes : *dimenticarsi di.*

Voici encore d'autres génitifs : *bello di persona; brutto di viso; tenero di cuore; mutare di bandiera ; soffrire di corpo ; ringraziare di ; accusare di ; premiare di; contentarsi di; vergognarsi di; parlare di; più giusto di questo; altre forze di quelle ; più di settante ; competere di magnificenza* (ce qui ne représente pas un instrumental, me semble-t-il) ; *crescere di statura ; vincere di cortesia; passare di bellezza; sapere di latino; domandare di qualcuno ; che volete fare delle vostre ricchezze?; che sara di Roma?; diventar di sasso; accade di; avviene di; abbondare di; era di famiglia contadina ; largo di due metri ; tre metri di più ; qualche cosa di bello.*

Souvent on est ici sur la limite de l'instrumental : je crois pourtant que dans la plupart au moins des exemples donnés ici il s'agit d'un rapport d' « accusatif avec *de* libre », même dans des expressions comme *vincere di cortesia,* où *cortesia* me semble plutôt être le « contenu » de la lutte que l' « arme ».

On a également un génitif dans *Più grande di me.*

La nuance ablative est si faible là où l'on se sert ici d'un ablatif morphologique, (le latin), que bien des langues préfèrent un génitif, (l'italien, le grec), ou une construction analytique avec *quam, que, als, dan,* etc.

En général, les remarques à faire ici sont les mêmes que nous avons faites dans notre description de *de* français signe du génitif. On se rappellera les nuances stylistiques du génitif adnominal (génitif possessif, partitif, subjectif, etc.) : on les retrouve en italien. Nous retrouvons en italien le « cliché » par lequel on indique des titres d'ouvrages ou de chapitres : *Il « Trattato della Famiglia » di Leon Battista Alberti.* Enfin, la question de savoir s'il y a un génitif dans *Un uomo dotato di molta prudenza* ou dans *Il campo era circondato di palizzate,* un instrumental dans *Il cielo l'aveva dotato di molta prudenza* ou *Era stato dotato di molta prudenza dal cielo,* un ablatif dans *Era amato da tutti,* se pose de la même façon en italien qu'en français, en remplaçant alors *par,* dans ces raisonnements, par *da.* Pour tous ces détails, nous renvoyons donc à notre description de *de* français : il me semble inutile de répéter encore une fois les mêmes raisonnements, à propos de phénomènes absolument analogues ici dans les deux langues sœurs.

Di peut également fonctionner comme préposition « écrasée » :

a) devant le « sujet logique » :

    È una vergogna (di) fare questo.

Il est à remarquer que l'emploi de *di* est fortement facultatif ici, ce que l'emploi de *de* français n'est pas. L'italien dira très bien : *È inutile fare questo.*

D'après Vockeradt, l'emploi de *di* se rencontre surtout ici après des verbes comme *parere, sembrare :* il appelle même des « gallicismes » des constructions

comme : *La somma della viltà è d'essere schiavo de'
giudizi altrui, quando hassi la persuasione che sono falsi*
(§ 279). L'italien connaît encore ici l'infinitif substan-
tivé : *Giova il crederlo...; Basterà il dire che...*

    b) devant un infinitif régime d'un verbe :

> *Io ho domandato (di) fare questo.*
> *Mi promisero (di) spedir subito quella lettera.*

Cet emploi de *di* est également plus ou moins facultatif, notamment lorsque le verbe régissant n'a pas de
régime personnel.

Mais voici maintenant deux cas où l'emploi de *di*
est impossible là où en français nous trouvons *de* écrasé :
l' « infinitif historique », où l'italien se sert de *a* ou se
passe de toute préposition, et le « double accusatif », où
l'italien se sert, comme nous le verrons plus loin, de *a*
ou de *da*.

Les faits signalés ici prouvent que l'italien éprouve
moins que le français le besoin de combler des hiatus
syntaxiques [1], et que là où ce besoin se fait pourtant
sentir, il se sert beaucoup plus que le français de *a*.

En italien on retrouve, évidemment, l'emploi de l'infinitif non prépositionnel emphatique du type : *Lui me
tromper!* ou : *Mene incepto desistere victam!* Exemple :
Amore dunque ricever leggi ? Lui ingannarmi ! (Mais
ici on rencontre aussi l'emploi de *a*, voir plus loin).

Pour ce qui concerne *di* dans la syntaxe figée : il
faut d'abord placer en dehors de la syntaxe des sym-

---

1. L'italien, me disait un jour un acteur français d'origine
corse, est plus mélodieux que le français, mais moins harmo-
nieux. Et il citait comme une des preuves de cette thèse le
« jeu » de l'*e* muet en français. On en a une autre preuve ici.

boles comme : *del tutto, dipoi,* etc., où il n'y a plus ombre de syntaxe.

Appartiennent, par contre, à la syntaxe figée des constructions comme : *Servire di* (la préposition « fin de mot »), *rispondere di* [1] *(id.), Lorenzo de' Medici, Luca della Robbia, di la, di lontano, di gran lunga, di buon grado,* l'article partitif, *(stare) di faccia, (corre) di qua e di la, (stare) di fianco,* « *di grazia* », *dare di...,* d'*in su, (oggi è) di turno,* « *di (questa gente* ») ! *(E) di parto, di mano in mano, d'oggi inanzi,* etc., etc.

Et voici alors notre tableau très succinct de *di :*

Dɪ (préposition casuelle)

I

Syntaxe figée

(Voir des exemples plus haut).

II

Syntaxe mobile

A. Préposition écrasée :
   « È una vergogna (di) fare questo »
   « Io domando (di) venire »
   Ce sont des **Accusatifs.**

B. Préposition (normale) :
   I. **Ablatif** (local, temporel, conditionnel).
      Nuances : abl. causae, originis, etc. [Le plus souvent on se servira de *da*].
   II. **Instrumental** (seulement conditionnel).
   III. **Locatif** (surtout temporel).

---

1. = « farsene garante », fr. « répondre de ».

IV. **Accusatif**, qui s'appelle :
Génitif (= acc. avec *di* libre).
Nuances :
a) dépendant d'un substantif : génitif du sujet,
de l'objet, de matière, possessif, etc.
b) dépendant d'un adjectif : « *contento di* ».
c) dépendant d'un verbe : « *dimenticarsi di* ».

C. PRÉPOSITION-FIN DE MOT (très rare) :
Exemple : *servire di*].
Ce sont des **Accusatifs.**

A français

Qu'est-ce que *ad* latin est devenu à Paris, vingt siècles après la conquête de la Gaule par César ?

Enregistrons d'abord un *à* **locatif,** qui sera « local » dans : *Il étudie à Leyde,* «. temporel » dans : *Nous dînons à six heures.* Nous verrons tout à l'heure s'il existe aussi un locatif « conditionnel ».

Voici ensuite le *à* **instrumental,** qui pourra dépendre :
a) d'un verbe : *fermer à clef.*
b) d'un substantif verbal : *une lecture à haute voix.*
c) d'un substantif non-verbal : *une voiture à quatre roues.*
Nous réservons pour le moment l'analyse de ce dernier cas. Pour ce qui concerne l'instrumental avec *à* en général : lorsqu'on compare cette forme de l'instrumental avec les deux autres, celle avec *de* et celle avec *avec,* on constate une différence très marquée au point de vue de la construction : la cohésion entre *à* + substantif est beaucoup plus forte ici qu'entre *de* ou *avec* + substantif. On dira : *(faire quelque chose) avec ses deux bras, de ses deux bras,* mais : *à deux bras :* le pronom manque après *à,* et il en est de même pour l'article dans d'autres exemples : *à haute voix,* mais : *avec une voix très faible* ou : *d'une voix très faible.* En d'autres termes : *à* instrumental diffère par exemple de *à* locatif par son caractère fortement locutionnel : *à* ins-

trumental est comparable, à ce point de vue, avec *en*
locatif, opposé au locatif avec *à* ou *dans*. Il ne s'emploie,
en général, que dans des constructions anciennes, remplacé ailleurs par *de* ou *avec*, comme *en* est remplacé
souvent par *dans*. *En* locatif et *à* instrumental ont un
caractère archaïque et stérile.

Voici maintenant quelques autres exemples avec *à*
instrumental adverbal : *à deux bras*, *à haute voix*, *à
voix basse*, *à quatre pattes*, *à main armée*, *à feu et à
sang*, *à clef* (on ne pourra pas dire par exemple « fermer
à verrou »), *à double tour*, *à toutes forces*, etc.

Quelquefois on constate la présence de l'article, par
exemple dans *à l'aide de*, où l'article a bien l'air de
servir à éviter l'hiatus, comme c'est le cas dans *en l'an
1600*, *en l'armoire*, etc.

Il y a ensuite un *à* **directif**, qui sera « local » dans :
Nous irons à Paris, « temporel » dans : *Remettons cela
à demain*, et « conditionnel » dans des constructions
comme celles-ci :

a) *donner à copier*. C'est le supin I du latin, que
nous appelons le « supin directif », en donnant ainsi ce
nom de « supin » à une construction *syntaxique* qui
correspond exactement à une forme *syntactico-morpho-
logique* du latin ;

b) *verre à vin*, ou, avec un infinitif-régime : *fer à
repasser*. Nous avons appelé plus haut ce rapport un
« directif de caractérisation ». L'italien se sert ici de *da*.
Nous reviendrons tout à l'heure sur ces exemples du
directif « conditionnel ».

Nous rencontrons encore des constructions avec *à*
dans l' « accusativus ». Lorsque *à* n'y est pas écrasé, ce
rapport représente un **datif**. Nous avons expliqué plus
haut pourquoi nous n'appelons pas « datif » des rapports qui sont en réalité des « directifs ».

Nous aurons alors le datif : en latin après des mots comme : *favere, invidere, minari, nocere, nubere, parcere, utilis, amicus, convenienter naturae, vivere, credere, proximus,* etc., en français après : *nuire à, s'attendre à, parler à, penser à, cela ne sert à rien, hostile à, prompt à, fidèle à, conforme à, conformément à, cela n'arrive qu'à moi, se fier à, convenir à, libre à vous de, s'adresser à, pourvoir à, nuisible à, une tendance à,* etc. Dans tous ces cas, le rapport est bien celui d'une dépendance directe et pure. C'est ici aussi qu'il faut placer une nuance de l'accusativus avec *à,* donc du datif, à savoir le *datif de possession,* synonyme du génitif de possession, avec, comme seule différence, une nuance stylistique de caractérisation : *la môme au concierge*[1], *ce livre est à moi* (cf. « ce livre est mien »), *le chapeau à papa.* Nous y reviendrons tout à l'heure.

Où faut-il maintenant placer le datif lorsque le verbe qui le régit a encore un régime direct non-prépositionnel, soit que ce régime soit exprimé, par exemple *donner quelque chose aux pauvres,* soit que ce régime ne soit que potentiel, c'est-à-dire non-exprimé, mais impliqué dans le verbe, par exemple *On ne prête qu'aux riches.* La seule différence avec le datif par exemple après *nuire* est dans la présence, réelle ou potentielle, d'un régime après *prêter* et *donner,* et dans l'absence de tout régime non-prépositionnel après *nuire.* Au fond, le rapport casuel est bien le même. Distinguons pourtant ces deux nuances du datif, en appelant le datif après *donner,* etc. un « *datif de l'objet éloigné* », terme consacré par la grammaire. Mais, tandis que pour Wundt, et pour d'autres linguistes, ce « datif de l'objet éloigné » représente un rapport casuel qu'ils placent sur le même plan

---

1. En hollandais on peut avoir ici un composé, ce qui prouve bien combien le rapport est direct.

que le locatif, l'ablatif, etc., pour nous il s'agit d'une *nuance* seulement d'un cas général, de l'accusativus, plus spécialement d'une nuance stylistique d'un des aspects morphologiques de ce cas. L'écart est bien grand entre ces deux conceptions.

Nous parlerons donc d'un « datif de l'objet éloigné » dans des constructions comme : *donner à* [1], *comparer à, annoncer à, envoyer à, prêter à, permettre à, dire à* [2], *concéder à.* N'aurait-il pas fallu parler d'un « génitif de l'objet éloigné » dans *accuser quelqu'un de?* Cela aurait été logique, en effet, mais on voit bien que ces nuances ne sont pas essentielles dans notre description : nous ne l'aurions pas fait non plus ici, si la tradition de distinguer un « datif de l'objet éloigné » n'était pas si forte qu'on est, pour ainsi dire, obligé de donner à cette notion une place dans une description syntaxique de la préposition.

Voici maintenant une difficulté qui n'existe pas, ou beaucoup moins, dans une langue comme le hollandais, qui possède, à côté de *aan*, préposition du datif, une préposition directive : *naar.* En français, il n'y a aucune différence formelle entre : *Envoyer quelque chose à un ami,* et *Envoyer quelque chose à Paris.* Dans le premier cas nous avons un « accusatif avec à », c'est-à-dire un *datif,* dans le second cas un *directif.* On voit que la nuance est exclusivement dans la valeur des mots ; le hollandais, par contre, l'*exprime* par la préposition, qui sera *aan* pour le datif, *naar* pour le directivus. On voit qu'ici le « directivus » et l' « accusatif avec à » se touchent, ce qui s'explique par le fait que nous avons ici un verbe, *envoyer,* qui implique *aussi bien un régime datif qu'une direction,* ce qui n'est pas le cas par

---

1. Il faut garder le nom lorsque la construction est passive.
2. *Adresser la parole à* et *s'adresser à* sont plutôt datif pur : *la parole* et *se* ne représentent pas des régimes indépendants.

exemple pour *donner, prêter, annoncer,* etc., qui n'impliquent aucune direction. C'est donc un cas très spécial, mais qu'il était intéressant de noter. Faisons encore remarquer que le latin aussi peut *exprimer* la nuance voulue : *mittere Romam* à côté de *mittere mihi.*

Après avoir constaté, jusqu'ici, des emplois de *à* comme locatif, instrumental, directif, et « accusatif », nous allons grouper ici un certain nombre de construction avec *à* que nous avons déjà rencontrées et qui ont ceci de commun, qu'elles montrent toutes :

a) une forte cohésion dans la construction ;

b) une nuance stylistique de « caractérisation ».

Il est possible, pour quelques-unes de ces constructions, de déterminer le rapport casuel qu'elles renferment. Ainsi dans *donner à copier,* le rapport casuel est bien celui d'un directif. Dans *une voiture à quatre roues* il s'agit bien d'un instrumental. Dans un *verre à vin* et dans *un fer à repasser* on sent bien un directif. Dans le *chapeau à papa* nous avons un datif (de possession). Mais dans d'autres le rapport casuel disparaît entièrement sous la forte cohésion entre les éléments de la construction, par exemple dans *J'étais le premier à le reconnaître,* ou dans *ver à soie,* dans *difficile à lire,* dans *un homme à craindre* ou *un homme à tout oser.* Aussi me semble-t-il qu'il serait plus intéressant de grouper tous ces cas ensemble *au point de vue stylistique* que de les séparer au point de vue purement grammatical. Et nous allons ainsi constituer un groupe, où nous parlerons de « *à* » *de caractérisation,* composé exclusivement de *constructions à forte cohésion,* et dont quelques-unes seulement peuvent être déterminées au point de vue casuel. Voici ce **groupe stylistique** :

a) *J'étais le premier à le reconnaître*

b) *Difficile à lire* [le supin « consécutif »].

c) *Une voiture à quatre roues* [l'instrumental de « caractérisation »].

d) *Donner à copier* [le supin directif].

e) *Un verre à vin*

Un fer à repasser [Le directif de « caractérisation »].

f) *Un homme à tout oser*

Un danger à craindre [un à « consécutif »].

g) *Un ver à soie.*

h) *Le chapeau à papa* [le datif de possession].

Nous retrouverons ce groupe en italien, mais souvent avec *da*. Dans plus d'un cas, des constructions synonymes soulignent le caractère de constructions à forte cohésion de nos formules, en français comme dans d'autres langues, par exemple : *difficilement lisible ; te copieren geven* (holl. ; pré-position du régime) ; *wynglas* (holl. ; mot composé, à côté de *glas wyn* = « verre de vin ») ; *zydeworm* (= « ver à soie »), *strijkyzer* (= « fer à repasser »), le « gerundivum » et *-abilis* en latin (= le type f), où le hollandais peut avoir des adjectifs quelquefois : *een huwbaar meisje* (= « une jeune fille à marier »), et ainsi de suite.

Il y a un autre groupe, ou plutôt une autre construction avec *à*, où le rapport casuel disparaît entièrement, mais là il s'agit d'autre chose que d'une forte cohésion : il s'agit d'une construction comme celle-ci, que nous appellerons le « gérondif mobile » : *A les voir, on dirait des brigands.* Voici l'analyse de cette construction.

Le locatif conditionnel représente, comme on se le rappelle, la nuance « wie », « comment ». Wundt caractérise ensuite ainsi l'instrumental conditionnel : « mit welchem Hilfsmittel ». Cette dernière définition ne rend pourtant compte que d'une seule nuance de ce rapport casuel : la vraie définition de l'instrumental conditionnel me semble être celle-ci, dont celle de Wundt n'est qu'une variante : « accompagné de quelles circonstances ». Comme on le voit, les deux nuances abstraites du locatif et de l'instrumental se touchent de très près. De là qu'elles peuvent se confondre à tel point qu'elles ne se distinguent l'une de l'autre que là où chacune est marquée par un signe spécial. Cela existe en effet. Lorsque le latin vulgaire disait « *in* + gerundium », c'était un locatif. Ce sera, par contre, un instrumental, lorsque le hollandais se sert de *met* ou de *door*, par exemple *Met te zwygen bereik je niets*, ou : *Door te zwijgen bereik je niets*. Ce sera de nouveau un locatif (temporel) lorsqu'on se sert d'une phrase avec *lorsque : Lorsqu'on les voit, on dirait...* Dans tous ces cas, on *exprime* une nuance sentie, par conséquent, comme réelle. Mais lorsqu'on se sert du gérondif : *En les voyant....*, rien ne permet de sentir la nuance, qui est si légère qu'on a le droit de dire qu'alors elle *n'existe pas*. De même avec le participe présent latin ou hollandais la nuance disparaît. Et il en est encore ainsi lorsque le français se sert de la forme prépositionnelle *à* + *infinitif*, qui fonctionne ici exactement comme le gérondif : la différence si minime entre ces deux nuances abstraites de deux cas disparaît sous cette préposition si générale, véritable passe-partout, bien plus que *de*. Et nous formulons donc ici, à côté de ces formules de « caractérisation », un nouveau type de construction, où rien ne permet de croire à une nuance casuelle spéciale : le « *gérondif mobile avec à* », qui couvre le terrain occupé par deux nuances de cas, *le locatif et l'instrumental conditionnels*, confondus dans une seule forme. En voici encore un exemple fameux : *A vaincre sans péril, on triomphe sans gloire.* Ou encore : *Passer son temps à ne rien faire.* La construction est toujours remplaçable par le gérondif figé. Nous retrouverons en italien ce cas de transition entre le locatif et l'instrumental (conditionnels).

En français moderne, je ne vois qu'une seule construction avec *à* écrasé :

Je commence (à) parler,

c'est-à-dire l'infinitif-régime d'un verbe.

Voici enfin des exemples de *à* dans la syntaxe figée. Souvent il sera possible de reconnaître dans ces constructions un rapport casuel, et nous avons déjà rencontré bien des constructions figées dans cette description de *à*. Pour aucune préposition il n'est peut-être plus difficile de séparer les deux syntaxes. Mais nous répétons ce que nous avons dit dans notre *Première Partie :* plus cette séparation est délicate à faire, moins il est important de la faire.

Et voici alors un certain nombre de constructions syntaxiques figées avec *à : imputer à crime, venir à (mourir), avoir à (écrire une lettre), en être à (son dixième meurtre), être de taille à, prendre à témoin, être à charge, au plaisir de (vous revoir), en venir aux mains, mal à l'aise, à califourchon, à mesure que, à peine, à la bonne heure, à tue-tête, « au secours! »,* au *hasard, à qui mieux mieux, à souhait, à regret, à gauche, à angle droit, à poil, à la majorité, à l'heure, à perte de vue, mettre à nu, à 50 %, à grand renfort d'eau, prendre à témoin, à l'œil, à la merci de, à l'improviste, un à un, à (lui) seul, se mettre à (trois) pour.*

Au fond, en dehors du datif et du directif, *à* est presque toujours plus ou moins figé.

Restent en dehors de la syntaxe de *à* des unités comme *afin de, à moins que, après,* etc.

Et voici alors notre tableau de *à*.

A français (préposition casuelle)

I

Syntaxe figée

(Voir des exemples plus haut)

II

Syntaxe mobile

A. — Préposition écrasée :

« Il commence (à) pleuvoir »
C'est un **Accusatif.**

B. — Préposition (normale) :
    I. **Locatif** (local et temporel) ; (Voir aussi la Remarque).
    II. **Instrumental** : « fermer à clef »; « navire à voiles » (Voir aussi la Remarque).
    III. **Directif** : local : « aller à Paris »
        temporel : « remettre à demain »
        conditionnel :
        1. le *supin directif* (« donner à lire »)
        2. le *directif de caractérisation* (« verre à vin ; « fer à repasser »).
    IV. **Accusatif,** qui s'appelle :
        Datif (= acc. avec *à* libre).
        Nuances spéciales :
        1. le *datif de possession.*
        2. le *datif de l'objet éloigné.*

C. — Préposition-fin de mot (très rare) :
Exemples : « venir à] mourir »; « avoir à] ».
Ce sont des **Accusatifs.**

Remarque : Le caractère souvent locutionnel et
vague de *à* invite à faire quelques groupement spéciaux :

1. Un groupe stylistique » de caractérisation »;
   cf. p. 86.
2. Le « gérondif mobile », dans lequel se rencontrent et se confondent l'instrumental et le
   locatif conditionnels : *à*+ *infinitif* ; cf. p. 87.

A italien

La syntaxe de *a* italien sera en bonne partie identique à celle de *à* français. Il y a pourtant des divergences importantes entre le développement de *ad* à Rome et à Paris, en bonne partie à cause de l'existence, en italien, de *da,* qui, dans certains emplois, est synonyme de *à* et enlève à *a* italien une partie des fonctions que *à* remplit en français.

Nous retrouvons pour *a* d'abord la fonction de **loca= tif** : *essere a Parigi, alle cinque, a letto, al buyo, all' oriente, alla ora precisa, allo spuntar del sole,* etc. Souvent il s'agit d'expressions figées, comme on le voit ; en voici d'autres : *appié, allato, accanto, ad ogni tanto, a prima vista,,* etc.

Voici, en second lieu, le *a* **instrumental** :

a) ad-verbal : *stare a capo basso, chiudere a chiave, nuvole dipinti a mille colori, piangere a caldi occhi, imparare a mente, giuocare a(lle) carte, vendere a caro prezzo, intagliare ad acqua forte.*

b) après substantif-verbal : *il vendere a caro prezzo, una vendita all' ingrosso, una lettura a senso.*

c) après substantif non-verbal : *nave a vela, serpente a sonaglio, carro a due cavalli, nave a vapore, cappello a tre punti, scala a piuoli, sedia a bracciuoli, cortile a loggiati.*

A la fonction de *a* instrumental dépendant d'une idée verbale s'appliquent les mêmes raisonnements que nous avons appliqués à *à* français dans les mêmes conditions : il y a ici une cohésion plus forte entre *a* + substantif qu'entre *con* + *substantif* : de là le manque, dans tant de constructions, de tout pronom ou article. *A* instrumental a, par là, un caractère archaïque et stérile, tout comme *à* instrumental français et *en* locatif.

Pour ce qui concerne *a* instrumental adnominal, nous reviendrons sur cette construction en parlant de *da*, en reconstruisant là ce groupe stylistique de « caractérisation » auquel appartient le *a* instrumental adnominal et que nous avons constitué pour le français dans notre description de *à*, et dans notre tableau de *à*, à la fin de cette description.

Il y a ensuite un *a* **directif**, « local » dans : *andare a Parigi*, « temporel » dans : *rimandare a domani*.

Nous ne retrouvons pour *a* ni le « supin directif », ni le « directif de caractérisation », construits, en français, avec *à* : l'italien construit ces deux rapports avec *da*.

On se rappelle que le « directif final » — qu'on appelle souvent le « datif final » — ne se construit pas avec *à* en français, mais avec *pour*[1] ; en italien on trouve également *per*, mais *a* se rencontre pourtant aussi ; par exemple : *A farti meglio comprendere la verità, ti dirò che*... ; *A Roma venni a mostrar le mie catene, per destarla a pietà*. Dans ce dernier exemple, que j'emprunte au manuel de Vockeradt, on a les deux prépositions l'une à côté de l'autre ; on y voit très bien la nature plus ou moins locutionnelle de *a*, à côté de l'emploi tout à fait mobile de *per*.

---

1. A part quelques expressions entièrement figées, comme : *à vrai dire.*

L' « accusatif » peut se construire également avec *a ;* ce sera le rapport que nous appelons un **datif,** en refusant ce nom de « datif » aux rapports directifs qu'on a l'habitude d'appeler des « datifs ».

Le datif se trouve alors après : *pare a (lui), pensare a, inclinato a, questo giova a, pronto a, atto a, ostile a, fidele a, parlare a, dare a, insegnare a qualcuno (una lingua),* etc.

Le « datif de possession », qui est une nuance stylistique du datif, est bien plus rare en italien qu'en français. On peut dire en italien : *È figlio a quest' Italia,* mais on ne dira guère :* *quel libro è a me,* ou :* *un libro a me.* Si je le vois bien, l'emploi du « datif de possession » est plus ou moins emphatique en italien, ce qu'il n'est guère en français.

L'italien connaît aussi, évidemment, ce « datif de l'objet éloigné » qui n'est guère qu'une nuance du datif, dont nous avons parlé dans notre description de *à,* par exemple : *insegnare (una lingua) a qualcuno.*

« Voici [1] maintenant une difficulté qui n'existe pas, ou beaucoup moins, dans une langue comme le hollandais, qui possède, à côté de *aan,* préposition du datif, une préposition directive : *naar.* En italien, il n'y a aucune différence formelle entre : *mandare qualche cosa a un amico,* et *mandare qualche cosa a Roma.* Dans le premier cas nous avons un « accusativus avec *a* », c'est-à-dire un datif, dans le second cas un directif. On voit que la nuance est exclusivement dans la valeur des mots ; le hollandais, par contre, l'*exprime* par la préposition, qui sera *aan* pour le datif, *naar* pour le directif. On voit qu'ici le directif et l' « accusatif avec *a* » se touchent, ce qui s'explique par le fait que nous avons ici un verbe, *mandare,* qui implique *aussi bien un régime datif qu'une*

---

1. Voir la page 85.

direction, ce qui n'est pas le cas par exemple pour *dare, insegnare, dire,* etc., qui n'impliquent aucune « direction ». C'est donc un cas très spécial, qu'il était intéressant de noter. Faisons encore remarquer que le latin aussi peut *exprimer* la nuance voulue : *mittere Romam* à côté de *mittere mihi* ».

L'italien connaît également le « gérondif mobile », composé de *a* + *infinitif,* dont nous avons parlé en décrivant *à* français. En voici des exemples : *A stare zitti* (=*stando zitti*), *non si sbaglia mai; A pelarli troppo, è peggio.* On se rappelle que ce « gérondif mobile » couvre le terrain où « deux nuances de cas, le locatif et l'instrumental conditionnels, se confondent ».

Nous voici arrivé à *a* écrasé. Ici l'emploi de *a* est sensiblement plus fréquent que celui de *à* en français. On le trouve dans les constructions suivantes :

a) L'infinitif régime d'un verbe :

> *Incominciare (a) parlare*
> *Fareste meglio (a) tacere* [1]

Le français ne connaît pas la variante suivante de cette construction : l'infinitif-accusatif avec *a* écrasé après certains verba sentiendi, tels que *vedere, sentire, udire, intendere,* dont il faut rapprocher l'infinitif historique après *ecco* (cf. Vockeradt, § 287). Exemples : *Vi sento a predicare; Mi pare d'aver inteso a nominarlo; Ecco i giudici a sedere* (On trouve pourtant aussi : *Ecco entrare quel matto furioso,* donc non-emploi de la préposition, cf. Vockeradt, § 292).

b) Le « sujet logique » :

> *È un piacere (a) sentirla* [2].

---

1. Ou *di* est plus fréquent.
2. Où *di* est plus normal.

L'italien se passe facilement ici de toute préposition.

c) L' « infinitif historique » :

Ecco i giudici (a) sedere.

Voir aussi sous *a).*

Ici encore le français à *de.* Et ici encore la préposition peut manquer en italien. Par contre, on peut construire avec *a* l'infinitif emphatique, ce qui est impossible avec *de* en français : *Ma voi a dirmi di quelle parole ?,* à côté de : *Amore dunque ricever leggi ?* (cf. les pages 73 et 79).

d) Le « double accusatif » :

Eleggere qualcuno (a) re.

En français on n'a jamais *à* ici. L'italien connaît ici encore *da;* voir plus loin.

Des constructions comme *recare a ingiuria* appartiennent à la syntaxe figée, au même titre que *imputer à crime, prendre à témoin, être à charge, avere a schifo, essere a carico,* etc., et au même titre que *cordi esse, dono dare, auxilio venire,* etc. en latin, *te hulp komen, ten geschenke geven, ter harte nemen, tot last zyn,* etc. en hollandais.

A italien n'est jamais préposition (vide) « introductrice-subordonnante ».

Voici, pour finir, une série d'exemples où *a* est entré dans la syntaxe figée : *essere a* (= « être en train de »), *stare a*[1] (cf. holl. « hy staat te jokken »), *(la conversazione) venne a (cadere su...), (crediamo che quelli che verranno) abbiano a (essere migliori dei presenti ?).* Dans tous ces exemples, la préposition est « fin de

---

1. Plus normal : *Stare leggendo.*

mot », faisant corps avec le verbe dans une unité sémantique.

Ensuite : *(il mondo) avvenire, essere a carico, avere a schifo, recare a ingiuria, a buon mercato, a contanti, a spese altrui, a voto, a stento, all'improviso, a dirittura* [1]*, a rischio di, ad un tratto, ad ora ad ora, a mano a mano, a solo a solo, alla scoperta, alla cieca, a nuoto, a vista, (sapere) a mente, davanti a, intorno a, fino a, in quanto a (questo), a centinaia* (sens distributif), *a uno alla volta, a grado a grado, a passo a passo, (dipingere) al vivo, a mio senno, alle chiome bionde (pare Tedesco), alla buona,* e tutti quanti. Et nous pouvons ajouter ici ce que nous avons dit plus haut à propos de *à* : au fond, en dehors du datif et du directif, *a* est presque toujours plus ou moins figé. Pour aucune préposition il n'est peut-être plus difficile de séparer les deux syntaxes. Mais, encore une fois : plus cette séparation est délicate à faire, moins il est important de la faire.

Et voici alors notre tableau succinct de *a*.

A italien (préposition casuelle).

I

Syntaxe figée

(Voir des exemples plus haut)

II

Syntaxe mobile

A. Préposition écrasée :
  « Incominciare (a) parlare »
  « È un piacere (a) sentirlo » (facultatif)

---

1. Ou : *addiritura.*

« Ecco i guidici (a) sedere » (facultatif)
« Ma voi (a) dirmi di quelle parole ? » (facultatif)
        (C'est l'infinitif emphatique)
« Udire (a) parlare »   (facultatif)
« Eleggere (a) re »
Ce sont des **Accusatifs.**

B. Préposition (normale) :

I. **Locatif** (local et temporel).
        (Voir aussi la Remarque).
II. **Instrumental** : « chiudere a chiave », « nave a
vela ».
        (Voir aussi la Remarque).
III. **Directif** (local) : « andare a Parigi ».
                (temporel) : « rimandare a domani ».
                (conditionnel) (rare à côté de *per*) =
                        le *directif final:* « A Roma
                        venni a mostrar... ».
IV. **Accusatif,** qui s'appelle :
                Datif (= acc. avec *a* libre).
                Nuances spéciales :
                        1. le *datif de possession* (rare)
                        2. le *datif de l'objet éloigné.*

C. Préposition fin de mot (très rare) :
Exemple : « essere a] pranzare ».
Ce sont des **Accusatifs.**

Remarque. — Le caractère souvent locutionnel et
vague de *a* invite à faire quelques groupements spéciaux :
1. Un groupe stylistique « de caractérisation », où,
        d'ailleurs, *da* est plus fréquent que *a*, cf. p. 100.
2. Le « gérondif mobile », dans lequel se rencontrent
        et se confondent l'instrumental et le locatif condi-
        tionnels : *a* + infinitif, cf. p. 95.

Da

Les différentes fonctions de *da*, préposition dont le français ignore tout équivalent, sont difficiles à grouper.

Il n'y a, au fond, qu'un seul cas où *da* est franchement « mobile » : c'est sa fonction de préposition de l'**ablatif,** avec des nuances locales, temporelles, conditionnelles, telles que l'ablatif séparatif, l'ablatif de cause, d'origine, de l'agent, etc. Exemples : *Vengo da Roma; separato da me; discosto quattro miglia dalla mia casa; non è da Cremona, ma da Pavia; da due settimane; dalla mattina alla sera; da semplice monaco s'era levato a tanta altezza; discordare da ; conclusione è la proposizione dedotta dalle premesse; (una valle ombrosa da molti arbori); libero da,* etc. Dans bien des cas, *di* est possible ici, comme nous l'avons vu plus haut.

On a un *da* **instrumental** dans : *La bestia zoppa da un piede,* où il est adverbal, comme il est adnominal dans : *la fanciulla dai capelli biondi.* Le « concurrent » de *da* est ici *con.*

Il y a un *da* **locatif,** à emploi très restreint et par conséquent fortement locutionnel, dans : *da un lato, da sera, da mattina, da mezza notte, da questa parte.* Dans *l'Arno passa da Firenze,* le rapport est locatif aussi. Egalement dans : *un vestito corto da piedi.*

Da est **directif** par exemple dans : *andare da questa*

parte, porre da canto, tirare dalla mia. Ici encore nous sommes en pleine syntaxe figée.

Voici maintenant trois groupes de fonctions spéciales de *da* :

1. *Da* dans le sens de « chez », ou « auprès d'une personne ».

La préposition peut représenter alors un **locatif,** un **directif** et un **ablatif,** par exemple :

> « Sono da mia zia »
> « Vengo da mia zia »
> « Vado da mia zia »
> « Confessare da qualcuno ».

2. Le groupe stylistique « de caractérisation », que nous avons constitué pour *à* français[1], et qui se construit en italien surtout avec *da.* Nous joignons à ces constructions avec *da* celles avec *a* qui appartiennent au même groupe.

> *a)* « Era il primo a vedermi ».
> *b)* « Difficile da leggere », mais plus souvent « Difficile a leggere » [le « supin consécutif »].
> *c)* « Una nave a vela ».
> « La fanciulla dai capelli biondi », [instrumental de « caractérisation »].
> *d)* « Dare da copiare » [le « supin directif »].
> *e)* « Un bicchiere da vino » « Un ferro da stirare » [le directif de « caractérisation »].
> *f)* « Un uomo do osare tutto » [un *da* « consécutif »].
> *g)* « Una scala a mano », « un molino a vento ».

---

1. Cf. p. 86.

Pour quelques-unes de ces constructions il est impossible d'en déterminer la nuance casuelle, qui disparaît entièrement sous le double caractère que montrent ces constructions : une forte cohésion, et une nuance stylistique de caractérisation très marquée.

3. Nous venons d'enregistrer un « supin consécutif » (*difficile da leggere, da racontarsi*) et un autre *da* « consécutif » dans : *un uomo da osare tutto*. Or, l'italien connaît la même nuance de *da* dans des constructions où l'on rencontre encore le corrélatif de *da*, par exemple « Un fatto *tale* da indicare le mutate disposizioni degli amici ; Feci *cosi* sinistra impressione da indurlo a scrivere… ; *Tanto* da bastare a tutti. » On pourrait donc former un troisième groupe stylistique, composé de différentes formes de *da* « consécutif ». En voici encore quelques exemples : *miseria da non dirsi, del tempo da perdere, magnificenza da principe, cosa da piangere, stupido da dire una cosa simile*.

Nous avons également un *da* « consécutif », me semble-t-il, dans des constructions comme celles-ci, qu'il faut donc grouper ensemble avec celles que nous venons de citer : *rispondere da medico ; morire da eroe ; pugnò da uomo furioso, fare da marchesa, vivere da principe*. La seule différence avec les exemples précédents est dans ceci que le rapport n'est pas adnominal ici, mais adverbal, de sorte que le régime est ici indirect, tandis que dans ces autres constructions il est direct (extérieur). Le sens est ici celui d'un « comme » affaibli. Le français se sert ici de *en* ou de *comme*. La préposition n'est nullement écrasée ici.

Je ne vois qu'un seul cas de *da* écrasé : le « double accusatif » dans une phrase comme celle-ci : *Travestire qualcuno da contadino*. C'est donc un *da* « consécutif » écrasé, tout comme le français écrase ici un *en* « consécutif ». Pour avoir une particule non écrasée entre deux accusatifs, il faudrait se servir de *comme*. Et encore ce *comme* serait-il assez faible [1] !

Voici enfin la masse des locutions où *da* a tantôt nettement une des significations que nous venons de citer, tantôt une fonction indéterminable, dans une unité sémantique inanalysable [1] :

Leonardo da Vinci; da lei a me; da solo a solo con lui; da me a me; da canto; da parte; andare da banda; tenere da alcuno; tenere dalla sua; tenere dalla parte (dei poveri); da (ieri) in qua; da (quel momento) in poi; un uomo dai sessanta ai settant'anni; scoppiare dalle risa, nominare da qualcuno; fare da me; da se solo; da per se stessa; da niente; da nulla; da poco; da più; dabbene; da venti uomini (= « environ »); da capo; dappiè; da vantaggio; da ultimo; dappresso; da vicino; davvero; da lunga; dalla lunga; da dritto e da rovescio, dappertutto; « da bravo ! », dal sotto in su, fin da, fare vita da se, e tutti quanti.

Dans le tableau de *da*, nous n'introduirons pas la différence marquée ailleurs entre syntaxe figée et syntaxe mobile, puisque, au fond, *da* n'est vraiment mobile que comme ablatif, et encore en partie seulement. Et voici alors comment on pourrait décrire *da*, d'une façon nécessairement très sommaire.

---

1. M. van Wijk, dans sa Grammaire du Néerlandais, appelle ce *comme* (holl. *als*) : « presque une préposition ». Pourquoi « presque » ?

A. Préposition écrasée :

« Travestire qualcuno (da) contadino »

(C'est un Accusatif)

(= le double accusatif).

B. Préposition (normale) :
   I. **Ablatif.**
   II. **Directif** (très restreint).
   III. **Locatif**   (id.).
   IV. **Instrumental** (id.).

Ces rapports casuels se retrouvent par-ci par-là dans les trois grands groupes **stylistiques** suivants de *da* :

1. *da* = « chez », « auprès de quelqu'un ».

2. *da* « de caractérisation ».

3. *da* « consécutif ».

Puis il y a la masse des locutions que rien ne permet de classer, et que rien n'invite donc à classer.

———

En.

Nous enregistrons d'abord un *en* **locatif,** qui sera local dans : *être en prison, être en France,* temporel dans : *en 1815,* conditionnel dans : *être en sécurité, être en colère.* Dans ce dernier cas, nous sommes déjà en pleine syntaxe figée, et on ne peut vraiment plus parler d'un « locatif ».

Il y a ensuite un *en* **directif** : *aller en France.*

Il faut enregistrer ensuite un *en* **instrumental,** par exemple : *payer en or ; faire, en marbre, une colonne ; une colonne faite en marbre* (= adverbal ; régime indirect) ; *une colonne en marbre* (= adnominal ; régime direct extérieur); *un ouvrage (écrit) en latin, une page en caractères gothiques.* Et ici encore, dès que le rapport devient abstrait, nous entrons dans la syntaxe figée, où il devient impossible de préciser le rapport casuel, par exemple *en sourdine* ou *en connaissance de cause.*

En est donc presque toujours figé, locutionnel, imprécisable au point de vue casuel, beaucoup plus que *in* italien, ce qui tient au fait que dans ses fonctions de préposition mobile *en* a été remplacé, en bonne partie, par *dans,* ce qui n'est pas le cas en italien. Extérieurement cette différence est visible encore par le fait que *en* n'est presque jamais suivi de l'article, tandis que *in* se combine souvent avec l'article : *nel.* La préposition *en* occupe donc une place spéciale parmi les prépositions du fran-

çais : on pourrait l'appeler une préposition « stérile »,
ou « archaïque ». .C'est comme un aristocrate après
« l'ancien régime ». Il serait intéressant d'étudier la
victoire lente de *dans* sur *en,* ce qui n'a pas encore été
fait, que je sache, et de rapprocher alors l'histoire de
en de celle de *in* italien [1].

Il y a des cas où l'on trouve l'article après *en,* par
exemple *en l'armoire, en l'an 1066* : l'article ne se serait-
il pas conservé ici pour éviter l'hiatus ? Je me demande
si le succès, si surprenant, de *dans* en français ne serait
pas dû, en bonne partie, au fait que *en* a perdu sa con-
sonne, tandis que *in* a gardé le *n* en italien, hollandais,
allemand, anglais, etc. L'étude de l'histoire de *en* pourrait peut-être résoudre ce petit problème.

En peut aussi marquer l'**accusatif syntaxique**, dans
trois cas :

a) Comme préposition écrasée : *se déguiser en
berger, être déguisé en berger; un déguisement en
berger.*

Pour qu'on sente ici un accusatif, avec préposition
écrasée, il faut que le verbe soit ce qu'on pourrait
appeler un verbe de changement *(déguiser, changer),*
avec identité des deux objets ; cf. aussi le manque de
préposition après *créer, nommer,* etc. Mais dans *tomber
en morceaux, peindre en officier,* il n'y a pas du tout
un « double accusatif » : dans ces locutions le rapport
est indéfinissable.

Il ne faut pas confondre cette construction avec une
phrase comme celle-ci : *Je l'ai traité en ami,* où la préposition n'est pas du tout écrasée, pas plus que *da* n'est
écrasé dans *rispondere da medico,* ou *en* dans *agir en*

---

1. Un de mes élèves se propose d'étudier ce sujet pour sa
thèse de doctorat ; c'est pourquoi j'en « prends date » ici.

bon chrétien. Ce ne sont pas des accusatifs syntaxiques; le rapport n'y est même pas casuel.

b) Comme préposition-fin de mot : *croire en] Dieu,* où le verbe *croire,* combiné avec *en,* est différent du verbe *croire* dans *croire quelqu'un, croire quelque chose,* et où *en* n'a pas le même caractère de préposition vide qu'il a dans :

c) Un voyageur en liquides, où la préposition est abolument synonyme de *de,* marquant la dépendance directe, sans plus. Par contre, dans: *Une colonne en marbre,* la préposition n'est pas vide : celui qui voudrait ici une dépendance directe et pure se servirait de *de,* ce qui ne serait pas possible dans *voyageur en liquides.*

Pour ce qui concerne la masse flottante des exemples de syntaxe figée, on n'a qu'à dépouiller un texte ou un dictionnaire pour en trouver des centaines :

En vertu de, en effet, en comparaison avec, un boute-en-train, (couper) en morceaux, demander en mariage, une femme en couches, un train en retard, etc.

In

In réunit les fonctions de *en* et de *dans* français. Ainsi, dans *andare in chiesa*, nous avons la fonction de *en*, dans *andare nella chiesa*, celle de *dans*. La préposition italienne est donc beaucoup moins figée que *en*, beaucoup plus mobile. Elle a aussi beaucoup plus souvent le sens de « à l'intérieur de », au lieu de marquer un rapport casuel pur, ce qui veut dire qu'elle s'est moins souvent « désolidarisée » de son sens étymologique.

Ces différences ainsi enregistrées, nous pouvons reconnaître parmi les fonctions de *in* :

a) celle de **locatif** :
Essere nel giardino (pas du tout locutionnel), *in tre giorni, essere in Roma, in un momento, studiare in medicina* [1] (où nous entrons tout à fait dans la syntaxe figée).

b) celle de **directif** : *intrare nel giardino* (pas du tout locutionnel), *andare in fumo* (locutionnel), *oggi in otto* (id.), *porre sua fede in Dio* (id.).

c) celle d'**instrumental** : *una statua in gesso, composizioni in versi.*

---

1. Plus normal : *Studiare leggi, medicina.*

d) celle d'**accusatif** : *ottenere una donna in isposa ;* « *Gl'iddii hanno te eletto in mio secretario* ». Tandis que : *essere ad alcuno in padre* ne représente pas un cas de préposition écrasée. Il est évident, d'ailleurs, que *in* est locutionnel dans les deux types de constructions.

Voici enfin la masse flottante des locutions plus ou moins figées, sans compter celles que nous venons de rencontrer : *essere in quatrini; lavorare in (oro) ; abito in (camicia); bere in (una tazza); abbattersi in; avvenirsi in ; in su; in sul tardi; in sull'imbrunire della notte; in sulla sera; in sul finire; oggi in quindici*[1]*; dare nelle furie; in dubbio; scoppiare in singhiozzi; andare in disuso; mettere in ridicolo; esser in età (di 10 anni); avere in odio; tenere in poca stima; dottore in filosofia; valente in armi; credere in; confidare in; il suo amore in (lei); dare in dono; in favore di; in difesa di; chiamare in aiuto ; dare in sorte; in contra; imputare in peccato; risultare in danno; una giovane di ventotto in trent'anni; conversare in (francese); tradurre in; (cento ghinee) in danaro; in questo modo; in ogni caso; in fede mia; in avvenire; in fatti, in verità, in regola; in paragone di; in mezzo di; in vista di; sono in cinque a tavola*[2]*; crescere in numero; dare in (un sasso); etc.,* etc.

---

1. Plus normal : *Oggi a quindici.*
2. Plus normal : *Sono cinque.*

Par

M. Kallin, à la page 67 de son livre cité plus haut, s'exprime ainsi à propos de *per* latin : « La préposition latine *per* pouvait supplanter de bonne heure le simple ablatif d'un nom de chose [aussi bien que d'un nom d'être animé] dans plusieurs des fonctions remplies par ce cas ». Puis il en cite plusieurs exemples pris dans les meilleurs auteurs classiques, par exemple César, *Bell. Gall.*, I, 44, 5 : « si per populum romanum stipendium remittatur » ; Cicéron, *Dom.*, 32 : « ab improbis expulsus... per bonos restitutus ». En effet, *per* est bien ici à peu près synonyme de *ab* : la différence ne doit pas avoir été très sensible ici entre les deux prépositions. Ce qui veut dire que nous voyons ainsi *per* en train de devenir « préposition semi-casuelle », au même degré que *pro, ab, de,* etc.

Les emplois de *par* se divisent en quatre groupes :

1. *Par* dans le sens de « à travers », avec des nuances et des affaiblissements tels que « sur toute l'étendue de » (au point de vue local et temporel), le « point intermédiaire par lequel on passe », etc. Exemples :

> *Jeter par la fenêtre*
> *Connu par le monde entier*
> *Passer de X à Z par Y.*

2. Un *par* « distributif » :

> *Deux fois par année*
> *Par centaines, par poignées.*

3. *Par* peut aussi marquer l'**instrumental** :

> *La porte se ferme par une serrure*
> *Ce mot commence par une consonne.*

4. *Par* peut encore marquer l'**ablatif** :
> *Agir par paresse* (causal)
> *Il fut trompé par ses amis* (l'agent)

Les prépositions casuelles de l'instrumental sont *de* ou *à*. Comme préposition semi-casuelle on a encore *avec*. En examinant alors les emplois de *par* instrumental, on constate que *par* représente les nuances de l'instrumental qui touchent à certaines nuances de l'ablatif qui peuvent aussi être marquées par *par : Il fut décapité par le bourreau.* Pour distinguer ces deux rapports casuels, qui en latin aussi peuvent se confondre morphologiquement [1], on peut établir le critère suivant : la nuance « au moyen de » représente l'instrumental ; lorsque la nuance est causale, ou lorsque *par* représente l' « agent », il y a un ablatif. Les exemples cités plus haut montrent nettement cette distinction. Et voici alors encore quelques instrumentaux : *L'objet ne tenait plus au roc que par une corde ; le roi gouvernait le pays conquis par un gouverneur* [ce serait un ablatif si le « gouverneur » avait conquis le pays]; *Je l'ai averti par une lettre ; Tout cela se faisait comme par magie* [on pourrait ajouter ici un ablatif avec *par*]; *Par sa bonté il gagnait tous les cœurs.*

Voici enfin des exemples de *par* dans la syntaxe figée : *savoir par cœur, prendre par la main, appeler par son nom, jurer par, par exemple, par pitié, par hasard, par malheur, par surcroît, par terre, par amour de, (sortir) par (un beau temps),* etc.

---

1. En hollandais aussi, *door* peut représenter les deux rapports casuels.

Pour

1. Il y a en français un *pour* absolument locutionnel, qui représente un **directif,** et qu'on retrouve en italien avec *per*. Dans *partir pour Paris,* il y a alors un régime direct extérieur (appelé), dans *notre départ pour Paris* et dans *une voiture pour Paris,* il y a un régime direct extérieur (appelé) attributif. Voir aussi le n° 4, d.

2. Un autre emploi très restreint est celui de *pour* **instrumental,** dans : *J'ai acheté cela pour cinq florins.* C'est l' « instrumentalis pretii » du latin, qu'on appelle le plus souvent un « ablativus pretii », en se plaçant à un point de vue exclusivement morphologique.

Comme on le voit, la langue se permet ici facilement le non-emploi de la préposition.

3. Un troisième sens de *pour,* mais non-casuel cette fois-ci, est celui de « au lieu de », avec des nuances comme « en échange de » :

J'ai servi pour mon frère (rég. ind.)

J'ai changé ma montre pour une plus grosse
(rég. dir. ext.)

Combien avez-vous reçu pour cet objet (rég. ind.)

Œil pour œil, dent pour dent (rég. ind.)

4. Il faut enregistrer ensuite un *pour* signifiant simplement « par rapport à », par exemple *Il est grand pour son âge;* le latin connaît la même signification : *pugna erat atrox pro numero pugnantium.*

Dans des phrases de ce type on peut introduire une nuance comme *trop, assez,* etc. Le rapport peut rester alors le même, notamment lorsque le régime reste nominal. Mais avec un régime verbal, *pour* passe dans un autre groupe de significations de cette préposition, que nous allons enregistrer maintenant.

5. Il faut grouper ensemble une série de nuances stylistiques de *pour* où la préposition a comme sens fondamental un rapport de *cause à effet.* Comme on le sait, il y a quatre nuances enfermées dans un rapport général de « cause à effet », à savoir : la causalité, la finalité, la conséquence et la « concession »[1]. Voici ces quatre nuances dans la syntaxe de *pour :*

a) *Pour* consécutif :

Il est trop honnête pour partir

Il a été assez bête pour le croire

Cela n'est pas pour (m'effrayer) (locutionnel).

b) *Pour* concessif :

Pour être dévot, je n'en suis pas moins homme.

c) *Pour* causal :

Il a été puni pour vol

Il a été puni pour avoir volé.

Nous avons ici une nuance de l'**ablatif.**

d) *Pour* final, où on peut introduire un certain nombre de subdivisions :

1. le « **directif d'intérêt** » qu'on appelle ordinairement le « dativus commodi ») :

Il a fait cela pour moi.

2. un *pour* plus ou moins accentué, s'opposant à *contre :*

J'ai voté pour le ministère

---

1. Cf. Van Ginneken, *Principes de Linguistique psychologique,* § 173, suiv.

3. le « **directif final** », devant infinitif :
   Je travaille pour réussir.
4. le sens de « destiné à » :
   Cette lettre est pour M. X.
5. un sens final dans les indications de temps :
   Pour demain, pour quinze jours,
   pour toute la matinée.

6. En sixième lieu nous enregistrons un *pour* écrasé, dans le « double accusatif » :
   Prendre quelqu'un (pour) guide.

Il serait bien vain de chercher ici à *pour* un sens spécial : la préposition y est absolument vide, et ne sert qu'à combler un hiatus que la grammaire tolère ailleurs [1], pour des raisons que la grammaire historique pourrait découvrir, mais qui dans la grammaire moderne ne déterminent plus du tout le choix de la préposition ou le non-emploi d'une préposition : aujourd'hui *pour* est vide ici, et écrasé.

Autre exemple : *connaître quelqu'un (pour) un brave homme.*

7. Voici ensuite *pour* préposition introductrice-subordonnante :
   a) *Vous êtes donc des voleurs, pour tout casser ?*
      Qu'avez-vous donc, pour manger si peu ?
   b) *Pour un bandit, en voilà un fameux.*
   c) *Il tomba, pour ne plus se relever*
      Nous sommes allés à Rome, pour aller ensuite à
      [Naples.

Pour l'analyse de ces cas, je me permets de renvoyer

---

1. Par exemple dans : *nommer quelqu'un préfet, faire quelqu'un chevalier.* Ailleurs la grammaire impose d'autres prépositions aujourd'hui complètement vides et écrasées, comme nous l'avons vu, telles que *en*, en italien *da*, ou *a*.

à la *Première Partie,* chapitre V, *b*). *Pour* n'exprime pas plus une nuance causale dans le premier type de phrase que *de,* par lequel on pourrait le remplacer. Dans le troisième type, toute nuance finale est absente, comme dans le second type. *Pour* ne fait partout ici que relier *en introduisant* et *en subordonnant,* et est entièrement vide.

8. Pour ce qui concerne *pour* dans la syntaxe figée, il est intéressant de noter d'abord un *pour* « fin de mot », dans *prendre quelqu'un pour un autre,* ou : *passer pour un imbécile,* voir notre *Première Partie,* chapitre V, *c*), où nous avons discuté ces emplois.

Vient ensuite la masse flottante des autres constructions figées, telles que : *pour sûr, pour de bon, ramasser pour mort, pour rire, pour comble de, cela n'est pas pour (m'effrayer), il en est pour (ses cent florins), pour l'amour de, (cinq) pour cent, qu'y a-t-il pour votre service, pour toujours,* etc. Il n'y a plus de syntaxe du tout dans : *pourtant, pourvoir, poursuivre, pourvu que,* etc.

Une dernière remarque encore : *pour* peut être substantif : *le pour et le contre.* La forme a cessé alors d'être préposition.

————

Per

Per italien combine, pour ainsi dire, les significations de *pour* et de *par* français, avec, néanmoins, des divergences, dues en parties au fait que pour certains emplois de *par*, l'italien se sert de *da*, préposition que le français ne connaît pas.

Nous retrouvons des significations de *par* :

1. Lorsque *per* a le sens de « à travers » :
   Per me si va nelle città dolente.
Les nuances sont à peu près les mêmes, par exemple « le long de », « occupant toute l'étendue de », « le point intermédiaire par lequel on passe », par exemple :
   Per il mondo intero ; Passano per la via ;
   Andare da Milano a Roma per Firenze.
Ce sens se rencontre aussi dans beaucoup de locutions : *per mare, per terra, per lo fresco, per lago.*

2. Un *per* « distributif », mais beaucoup moins employé que *par* français « distributif » : l'italien a encore *a* comme préposition « distributive ». Voici quelques exemples de *per* : *un mezzo bicchiere per uomo, pezzo per pezzo, ora per ora, uno per uno, filo per filo, una cameriera per piano.*
En général, ces emplois sont locutionnels.

3. *Per* peut aussi marquer l'**ablatif**, notamment l'ablativus causae, par exemple : *Hanno persi i fiori per*

il fredo ; L'ho fatto per le ragioni dette. Par contre, l' « agent » sera marqué par *da :* je me demande s'il ne faut pas refuser à *per* la fonction d'ablatif de l'agent, que *par* marque si souvent dans une langue qui ne connaît pas *da.* (Voir aussi le numéro 9).

4. *Per* peut encore marquer l'**instrumental**, par exemple : *Entrare nella città per forza.* (Voir aussi le numéro 6).

Voici maintenant des significations où *per* ne correspond pas à *par,* mais à *pour.*

5. Le *per* **directif** : *partire per Parigi* (rég. direct ext.) ;
                 carozza per Milano (rég. dir. ext. attr.).
Voir aussi le n° 9, *d.*

6. Le *per* **instrumental** indiquant un prix : *comprare per mezzo millione.* En italien, il faut combiner ce cas, évidemment, avec la nuance de l'instrumental que nous avons enregistré sous le numéro 4, puisque la forme aussi bien que le rapport casuel sont les mêmes : la différence entre ces deux instrumentaux est d'ordre stylistique : ici l'instrumentalis pretii, là l'instrumental indiquant le moyen d'une façon plus générale.

7. Le *per* signifiant « au lieu de », avec des nuances comme « en échange de » :
     Tu sarai prigione per lui (= « à sa place »).
     Cambiare un libro per un coltello.

8. Le *per* signifiant « par rapport à » :
     È grande per la sua età.
     È intelligente per una ragazza di cinque anni.
     È cattivo per i suoi camerieri.

9. Voici enfin le grand groupe des *per* à sens fondamental de « cause à effet » :

a) *Per* consécutif :
> *È troppo intelligente per fare questo.*

b) *Per* concessif :
> *Per voglia che n'abbia.*

c) *Per* causal (voir le numéro 3).
Nous avons ici l'**ablatif.**

d) *Per* final, avec plusieurs nuances :

1. le « **directif d'intérêt** » :
> *Ha fatto questo per me.*

2. un *per* plus ou moins accentué, s'opposant à *contre* :
> *Ha votato per il ministèro.*

3. le « **directif final** », devant infinitif :
> *Lavorare per riuscire.*

4. Le sens de « destiné à » :
> *Una lettera per la signora.*

5. Un sens final dans les indications de temps :
> *L'ho invitato per questa sera, per quindici giorni; Tornò per alcuni mesi in Torino.*

10. L'italien connaît également l'emploi de *per* comme préposition écrasée, à savoir dans le double accusatif, comme le français *pour* :
> *Avere qualcuno (per) compagno di viaggio.*
> *Eleggere qualcuno (per) signore.*
> *Canoscere qualcuno (per) un mascalzone.*
> *Acconciarsi qualcuno (per) servitore.*

11. Comme préposition introductrice-subordonnante, je ne vois que les types suivants :

a) la « succession de faits » :
> *Andare a Roma, per andare poi a Firenze.*

b) le substantif « détaché » :
Per un mascalzone, eccone uno !

12. Dans la syntaxe figée on peut, ici encore, citer à part des exemples où *par* est préposition « fin de mot », par exemple : *passare per (un capitano dei Bersalieri); prendere per.*

Vient ensuite la masse flottante des autres constructions figées, telles que : *(sapere) per prova, io per me, per esempio, (tirare) per un orecchio, (prendibile) per mare, per carità, questo sia per non detto, (seppellire) per morto, per (la vergine santissima), per modo di dire, (assalito) per fianco, per tratta, per udito, su pei (monti), per viaggio, per vicenda, tu per te, (prendere) per i piedi,* etc., etc.

Pour la justification des différentes subdivisions que nous avons introduites ici dans la description de *per,* nous renvoyons à l'étude de *par* et de *pour.*

Je voudrais terminer cette dernière description d'une préposition par une remarque générale. Il entre, malgré tout, dans la description de morphèmes comme les prépositions, un élément de subjectivité. Cet élément n'existe pas lorsqu'il s'agit d'établir et d'appliquer des principes généraux : là on doit, pour ainsi dire, avoir raison ou se tromper. Mais dès qu'on entre dans les divisions stylistiques, cet élément prend une importance sans cesse croissante à mesure qu'on s'approche du terrain de la lexicologie. On ne sera, peut-être, pas toujours entièrement d'accord avec nous sur la façon de grouper des emplois presque lexicologiques, et je serai le dernier à prétendre qu'on ne pourrait pas grouper un peu autrement, par exemple, différentes nuances d'une préposition comme *da* ou *pour* ou *à.* Ce qui importe, c'est de savoir si je ne me suis pas trompé dans les perspectives essentielles, fondamentales, comme : les rapports casuels, la question des deux syntaxes, celle du pouvoir de suggestion et de la faculté d'expression, la distinction des différents régimes, les différentes fonctions des prépositions, leur « nature », et tout ce qui dans la description de chaque préposition à part, correspond à ces perspectives, les détermine et les justifie.

TABLE DES MATIÈRES

DEUXIÈME PARTIE

La Description

———

Achevé d'imprimer
par les IMPRIMERIES MONCE
6, Rue Houzeau-Muiron, REIMS
le 21 Janvier 1926

CLASSIQUES FRANÇAIS DU MOYEN ÂGE

Collection des textes Français et Provençaux antérieurs à 1500

publiée sous la direction de

Mario ROQUES, Directeur à l'école pratique des Hautes Études.

Les classiques français du Moyen-Age, publiés sous la direction de Mario Roques,
(Suite, voir au verso).

35. — *Maistre Pierre Pathelin*, éd. par Richard T. Holbrook ; X-132 p. . . . . . 8 fr. »

36. — **Adam le bossu**, *Le Jeu de Robin et Marion* suivi du *Jeu du Pèlerin* éd par Ernest Langlois ; X-94 pages . . . . 6 fr. »

39. — *Jongleurs et Troubadours Gascons des XII⁰ et XIII⁰ siècles*, éd. par Alfred Jeanroy ; VII-78 pages . . . . . 3 fr. 50

40. — **Robert de Clari**, *La Conquète de Constantinople*, éd. par Philippe Lauer ; XVI-132 p.
6 fr. 50

41 — *Aucassin et Nicolette*, éd. par Mario Roques ; XXXVI-99 pages . . . . . 7 fr. »

42 — *Les Chansons de* **Guilhem de Cabestanh**, éd. par Arthur Langfors ; XVIII-97 pages.
7 fr. »

43. — *Lettres françaises du XIII⁰ siècle ;* **Jean Sarrasin**. Lettre à Nicolas Arrode (1249) éd. par Alfred L. Foulet ; XI-24 pages . . . . 2 fr. 25

44. — *Eneas*, éd. par J. J. Salverda de Grave, t. I ; vv. I-5998 ; XXXVI-183 pages . 12 fr. »

45. — *La Chanson de Sainte Foi d'Agen*, éd. par Antoine Thomas ; XXXVIII-88 p. 10 fr. »

46. — *Les Poésies de* **Jausbert de Puycibot**, éd. par William P. Shepard ; XVIII-94 pages.
7 fr. »

47. — **Proverbes français antérieurs au XV⁰ siècle**, éd. par Joseph Morawski ; XXXIII-145 pages. . . . . . . 9 fr. »

48. — **Jean Bodel**, *Le Jeu de Saint Nicolas*, éd. par Alfred Jeanroy ; XVI-93 p. . 5 fre »

49. — **Rutebeuf**, *Le Miracle de Théophile*, éd. par Grace Frank ; XVI-41 pages . 3 fr. 25

50. — **Gerbert de Montreuil**, *La Continuation de Perceval*, éd. par Mary Williams, t. II, vv. 7021-14078 ; 219 p. . . . . . 9 fr. »

Bédier, J., de l'Académie française, professeur au collège de France. **Les Légendes épiques**. Recherches sur la formation des chansons de gestes. 2⁰ édition revue et corrigée, 4 vol. petit in-8⁰, chaque. . . : . . . . 10 fr. »

— **Les Fabliaux**, 1921, in-8⁰, 500 pages . . . . . . 40 fr. »

Champion, Pierre. **Ronsard et son temps**. Un volume in-8 raisin de XVIII-508 pages, avec 24 phototypies hors-texte . . . . . . 60 fr. »
Il a été tiré 50 exemplaires sur Arches, à 200 fr.

Clédat, L. **Manuel de Linguistique romane**, 1925, in-4⁰, 144 pages . . . . 12 fr. »

Doncieux, G. **Le romancero populaire de la France**. Textes critiques. Index musical par J. Tiersot. Gr. In-8 . . . . 30 fr. »

Godefroy, F. **Dictionnaire de l'ancienne langue française et de tous ses dialectes**. 10 volumes in-4⁰ (derniers exemplaires) . . . . 2000 fr. »

Huguet, Edmond. **Dictionnaire de la langue française au XVI⁰ siècle**. Paraît par fascicule de 80 p., à 18 fr. le fascicule. Les fascicules 1 et 2 sont parus.

Jeanroy, A. **Les Origines de la Poésie lyrique en France**, 2⁰ éd. revue et augmentée, 1925, in-fol, 536 pages . . . . . . 40 fr. »

Labande-Jeanroy, Th. **La question de la langue en Italie, de Baretti à Manzoni**, 1925, in-8, 135 pages . . . . 12 fr. »

Langfors, Arthur. **Les incipit des poèmes français antérieurs au XVI⁰ siècle**. Répertoire bibliographique établi à l'aide des notes de Paul Meyer. In-8, VI-444 p. 28 fr. 50

Langlois, E. **Table des noms propres de toute nature compris dans les chansons de gestes imprimées**, Fort vol. gr. in-8. . . . . . . 50 fr. »

Lot, Ferdinand. **Étude sur le Lancelot en prose**, 1918, in-8 de 425 p., 3 phototypies hors-texte . . . . 35 fr. »

Meyer, Paul. **Documents linguistiques du Midi de la France**, recueillis et publiés avec glossaires et cartes, Ain, Basses-Alpes, Alpes-Maritimes, 1919, fort volume in-8, cartes . . . . 50 fr. »

Mélanges d'Histoire du Moyen-Age, offerts à M. Ferdinand Lot par ses amis et ses élèves. 1925, in-8, 740 pages. Environ . . . . . 100 fr. »

Paris, Gaston. **Mélanges de littérature française du Moyen-Age**. In-8, 710 pages.
50 fr. »

Rabelais, Œuvres. Édit. critique publiée par Abel Lefranc, professeur au Collège de France, J. Boulenger, H. Clouzot, P. Dorveaux, J. Plattard et L. Sainéan, Tomes III et IV. Pantagruel, 2 vol. ensemble . . . . 100 fr. »
Déjà parus : T. I. In-4⁰ de CLV-214 p. T. II. In-4⁰ de 215-538 p. . . . 100 fr. »
Formera environ 7 volumes auxquels on souscrit.

Société des Anciens Textes français. Cotisation annuelle donnant droit aux publications et Bulletins de la Société : 40 fr.

Revue de Linguistique, publiée par la Société de Linguistique romane. T. I, 1925 45 fr. »